미국 대통령 시리즈 01
(한국미국사학회 20주년 기념사업)

조지 워싱턴

―초대 대통령―

조지 워싱턴
―초대 대통령―

초판 1쇄 발생 2011년 8월 10일

지은이_김형곤
펴낸이_윤관백
편 집_이경남 · 김민희 · 하초롱 · 소성순 · 주명규 · 김현진 ▮ **표지**_김현진 ▮ **제작**_김지학 ▮ **영업**_이주하
펴낸곳_도서출판 선인 ▮ **인 쇄**_대덕문화사 ▮ **제 본**_바다제책
등 록_제5-77호.(1988.11.4)
주 소_서울시 마포구 마포동 324-1 곶마루 B/D 1층
전 화_02)718-6252/6257 ▮ **팩 스**_02)718-6253 ▮ **E-mail**_sunin72@chol.com
정 가_12,000원

ISBN 978-89-5933-462-9 (세트)
　　　 978-89-5933-463-6　04990

■ 저자와의 협의에 의해 인지 생략.
■ 잘못된 책은 바꾸어 드립니다.

미국 대통령 시리즈 01
(한국미국사학회 20주년 기념사업)

조지 워싱턴
―초대 대통령―

김 형 곤

선인

총괄 편집자의 글

2010년은 한국에서 미국사를 연구하고 가르치고 그리고 배우는 사람들에게 두 가지 면에서 참으로 뜻 깊은 해이다.

첫째는 미국사를 연구하고 가르치는 사람들의 모임인 '한국미국사학회'가 창립된 지 20주년이 되는 해이며, 둘째는 위대한 대통령인 에이브러햄 링컨의 탄생 200주년이 되는 해이다.

이러한 해! 우리나라에서 미국사의 선구자인 이보형 교수를 비롯한 여러 교수와 연구자들은 한국미국사학회가 2010년을 기념할 만한 어떤 일을 해야 한다는 의견을 모았다. 이에 당시 학회 집행부는 회장이었던 강원대의 권오신 교수를 중심으로 수차례의 회의와 선배 교수와 학자들의 많은 조언을 통해 미국 대통령 시리즈를 발간하기로 의견을 모았다. 이는 미국사에서 대통령이 차지하는 비중이 대단히 중요하여 우리나라에서도 미국 대통령들을 본격적으로 연구해야 한다는 이유와 더불어 또 에이브러햄 링컨의 탄생 200주년도 함께 기념하는 작업이라는 점에서 의미가 있는 일이었다.

이에 학회는 미국 대통령 43명 중 일반적으로 1위에서 10위까지 평가를 받고 있는 대통령 10명을 먼저 선정하였다. 조지 워싱턴, 토머스 제퍼슨, 앤드류 잭슨, 에이브러햄 링컨, 시어도어 루스벨트, 우드로 윌슨, 프랭클린 루스벨트, 해리 트루먼, 존 F. 케네디, 로널드 레이건이다.

선정된 10명의 대통령을 누가 연구할 것인가? 학회는 먼저 우리나라에서 미국사를 연구하고 있는 연구자들을 대상으로 집필 신청을 받고 그 신청자의 연구논문, 책, 칼럼, 그리고 관심도를 토대로 집필자를 선정하였다. 워싱턴-김형곤 교수(건양대), 제퍼슨-정경희 학사지도 교수(연세대), 잭슨-양홍석 교수(동국대), 링컨-양재열 교수(영남대), 시어도어 루스벨트-최정수 교수(고려대), 윌슨-권오신 교수(강원대), 프랭클린 루스벨트-김진희 교수(경희사이버대), 트루먼-김정배 교수(신라대), 케네디-장준갑 교수(전북대), 레이건-김남균 교수(평택대)이다.

집필진들은 전문적인 연구서를 지양하고 그렇다고 지나치게 대중적이지 않은 정도의 전문적이면서도 대중적인 방향으로 연구방향을 정했다. 가능한 이해하기 어려운 용어와 개념 사용을 보다 쉬운 용어와 문장으로 책을 만들어 많은 사람들이 미국 대통령 시리즈를 읽을 수 있도록 했다.

각각의 연구자들이 나름의 연구 틀을 가지고 있지만 대통령 시리즈인만큼 가능한 일관성 있는 연구 틀을 유지하고자 했다. 해당 대통령의 역사적 위상, 성장과정, 대통령이 되기 전의 업적, 대통령으로서의 업적, 리더십과 평가 등을 핵심 틀로 삼기로 했다.

우리나라의 출판업계는 늘 한겨울인 것 같다. 매일 수많은 책이 출판되어 나오지만 몇몇 사회적 이슈가 되는 대중적인 서적을 제외한 대부분의 책들은 주인을 만나지 못하고 서점이나 출판사 서고에 그대로 남아 있는 실정이다. 출판업계의 이러한 어려운 사정에도 불구하고 선뜻 학회의 뜻을 받들어 기꺼이 출판을 담당해 준 도서출판 선인의 윤관백 사장에게 심심한 감사를 표한다. 모쪼록 이 대통령 시리즈가 소위 '대박'이 나 선인도 성장하고 이를 집필한 집필자는 물론 미국사를 연구하고 공부하는 모든 사람들이 발전하는 계기가 마련되기를 간절히 바란다.

시리즈 기획 편집 책임
김 형 곤

머리말

'국부' 조지 워싱턴은 대통령직의 중요성을 충분히 알고 있었다. 대통령으로 있는 동안 그는 '왕'이나 '군주'가 아닌 '대통령'이라는 개념 확립과 그 직책을 구체화했다. 그의 국내외정책은 신생국 미국을 발전시키는데 초석을 다지게 했으며, 스스로 '위대한 실험'이라고 말한 인류최초의 민주공화국 건설이라는 실험을 성공적으로 이끌었다.

미국 독립전쟁 이후 은퇴한 장군인 워싱턴의 인기가 너무나 높은 나머지 많은 사람들이 그가 왕이 되어 주기를 원했다. 그것도 그럴 것이 당시에는 지구상 그 어디에도 국민이 자신들을 대표하는 최고 권력을 가진 사람을 선출하는 곳은 단 한 곳도 없었기에 가장 큰 힘을 가진 사람이 왕이 되는 것은 조금도 문제시되지 않았다. 하지만 워싱턴은 미국의 군주가 되는 것에 관심이 없었다. 심지어 그는 국민들이 선출하는 소위 '대통령'이 되는 것도 원하지 않았다.

그럼에도 국가 원로로서 워싱턴은 이제 막 독립을 하고 걸음마를 시작한 국가발전의 초석을 다지기 위해 기꺼이 대통령이 되었다. 워싱턴은 단 한 번의 대통령직만 수행하려 하였으나 산재한 국가 일과 국민들의 간절한 바람으로 두 번의 임기를 수행했다. 두 번의 임기를 마칠 즈음 3선에 대한 요구, 심지어 종신 대통령에 대한 요구가 생겨났다. 워싱턴은 이를 미연에 방지하기 위해 소위 '고별연설'을 발표했다. 더 이상 대통령직을 수행하지 않을 것이며, 반드시 연방헌법을 준수하고, 국내적으로 당파를 만들지 말고, 국외적으로 철저한 중립정책을 고수할 것을 국민들에게 진심으로 부탁했다. 그리고 워싱턴은 인류 최초로 혈연이나 혁명과 쿠데타가 아닌 평화적인 방법으로 권력을 이양시켰다.

최고 권력을 가진 사람이 스스로 그 자리에서 물러 난다는 것은 인류 역사상 보기 드문, 아니 조지 워싱턴만이 유일한 경우이다. 역사를 통해 최고 권력을 가진 사람들은 하나같이 스스로를 그 최고의 자리에 독점시키는 일에 충실했다. 그리고 그 자리에서 다른 사람들에 의해 비참하게 죽거나 물러났다. 로마의 카이사르가, 영국의 크롬웰이, 프랑스의 나폴레옹이, 스페인의 프랑코가, 독일의 히틀러가, 우리나라의 박정희와 전두환이 그러했다. 하지만 워싱턴은 '절대 권력은 절대적으로 망한다'는 것을 알고 있었고 그래서 그는 이런 권력으로부터 벗어나 있었다.

바로 이점에서 워싱턴의 위대함이 더욱 빛난다. '권력의

지'에서 벗어나 진정한 인류의 대의인 '자유'와 '민주주의'를 실천한 위대함이 바로 그것이다.

이 책은 '미국 대통령 시리즈' 중에서 조지 워싱턴을 집필한 것이다. 필자는 이미 2009년에 『조지 워싱턴, 미국의 기틀을 만든 불멸의 리더십』(살림)이라는 책을 집필하였다. 이 책의 내용은 2009년의 책을 재정리하고 보완한 것임을 밝힌다. 많이 생략되었고 간략했던 부분들을 보다 구체적으로 집필하였고 가능한 전문적이고 어려운 용어를 자제하여 대중적인 개념으로 책을 집필하였다. 그래서 보다 많은 독자들이 이 책을 접할 수 있으리라 생각한다.

이 책이 나오는 동안 많은 사람들이 힘을 모았다. 일일이 명단을 나열하지 못하지만 모든 분들께 감사드린다. 특히 한국미국사학회 회원은 물론 도서출판 선인에게 심심한 감사를 드리지 않을 수가 없다.

하얀 겨울에 '한솔'의 푸름을 더하며
김 형 곤

차례

- 5 총괄 편집자의 글
- 9 머리말
- 17 들어가며: 조지 워싱턴의 역사적 위상
- 41 1장 성장과정, 애정결핍과 자기보상의 랑데부
- 97 2장 독립군 총사령관, 권력의 마수에서 벗어난 유일한 사람
- 133 3장 초대 대통령, 위대한 첫 단추
- 195 4장 **불멸의 리더십**
- 229 나오며: 워싱턴의 죽음과 평가
- 237 연보
- 243 미국 대통령 시리즈 발간에 붙여
- 247 저자소개

워싱턴 기념비

1796년 길버트 스튜어트가 그린 조지 워싱턴

나이별 조지 워싱턴의 모습. 워싱턴은 치아가 좋지 않았다. 58세부터 치아가 없는 모습이 그대로 드러난다

들어가며

조지 워싱턴의 역사적 위상[1]

[1] 이 책은 김형곤, 『조지워싱턴 미국의 기틀을 만든 불멸의 리더십』, 서울: 살림, 2009의 내용을 수정·보완한 것임을 밝힌다.

성공을 위한 기회를 찾아

사람들은 조지 워싱턴을 다음과 같이 부르고 있다. "건국의 아버지(the Founding Father)", "없어서는 안 될 긴요한 사람(the Indispensable Man)", "최고의 사람(the Best of Men)", "위대하고 선한 사람(a Great and Good Man)", "대원로(Patriarch)", "국부(the Father of His Country)", "제1의 사람(the First of Men)" 등.

위대한 업적을 남긴 다른 사람들도 그를 찬양하는 한두 가지의 형용어구를 가지고 있지만 결코 워싱턴과 같지는 않다. 그래서 우리는 이러한 평가를 받고 있는 워싱턴을 생각할 때 그가 단순한 사람이라기보다 신비적인 힘을 가진 존재가 아닌가 생각할 수 있다. 사실 많은 사람들은 워싱턴에 대해 적지 않게 잘못 이해하고 있다.

어떤 사람들은 워싱턴이 식민지 버지니아의 귀족 집안에서 태어나 남부럽지 않은 화려한 생활을 하다가 군인이 되어 총사령관이 되고 대통령이 된 것으로 알고 있지만 사실은 전혀 그렇지 않다.

워싱턴 집안은 알려진 바와 같이 당시 성공한 사람의 한 척도인 대농장주 집안이 아니었다. 조지 워싱턴이 태어나고 성장할 당시 워싱턴 집안은 지역사회에서 중간정도의 재산을 소유하고 있었다. 아버지 어거스틴(Agustine)은 얼마의 농장을 돌보고 여러 가지 다른 사업을 하면서 부를 축적하려고 애를 썼지만 원하는 만큼의 부를 축적하지 못했다.

여기에 더하여 18세기는 아직 '장자 상속제(primogeniture)'가 대세였는데 워싱턴 집안에서 조지는 장자가 아니었다. 워싱턴 집안의 장자는 아버지 어거스틴의 첫 번째 부인의 장남인 로렌스(Lawrence)였고[2] 조지는 아버지의 두 번째 부인의 장남이었다. 그래서 당시 장자가 누릴 수 있는 특권이 조지에게는 없었다. 이복형들과 같이 조지도 영국으로 유학을 가기 위해 준비를 했지만 집안 경제사정이 충분치 않아 가정교사에 의한 교육만 받았을 뿐이었다. 그런데 형편이 좀 나아져 유학의 기회가 주어진 11살이 되었을 때 아버지가 갑자기 사망함으로써 조

---

[2] 아버지의 첫 번째 부인은 두 명의 형제를 낳았다. 첫째가 로렌스이고 둘째가 어거스틴이었다. 이들은 둘 다 어릴 적부터 영국에서 유학을 했다.

지는 그토록 원했던 유학의 기회를 놓치고 말았다. 어머니 매리 볼(Mary Ball)은 아들이 좋은 교육을 받고 사회적으로 성공을 하는 것보다 작은 농장과 홀로 된 자신과 동생들을 돌보기를 원했다.

성공으로 가는 길 중에 하나였던 장자의 특권도 없었고 공부의 기회도 주어지지 않았던 조지는 스스로 성공의 기회를 찾아가지 않으면 안 되었다.

그래서 그는 비교적 일찍이 '18세기 버지니아에서 어떻게 해야만 성공을 할 수 있는가' 하는 질문을 던지고 성공으로 가는 길을 스스로 찾아 나섰다. 영국인으로 인정받고 지역 사회의 존경받는 젠틀맨으로 살아가기 위해 조지는 독서를 통해 정규학교를 다니지 못해 부족한 자신의 공부를 보충했다. 그는 독학으로 젠틀맨이 갖추어야 할 사회규범을 습득했고 당시 출세 길의 한 방편인 측량 기술을 익혔다. 또한 성공의 또 다른 길인 군인으로 성공하기 위해 그는 영국 정규군이 되고자 헌신적인 노력을 했다. 조지는 성공의 길을 찾는 과정에서 이복형 로렌스와 형의 장인인 패어팩스(Fairfax) 경과 같은 좋은 이웃으로부터 많은 도움을 받았다. 이러한 도움은 그냥 이루어진 것이 아니었다. 그것은 성공을 하고자 하는 준비과정에서 조지의 정직함과 성실함이 가져온 필연적인 결과였다.

성공을 향한 조지의 이러한 노력은 스스로에게 어느 정도의 성공을 가져다주었다. 조지는 측량을 하여 얼마의 돈을 모와 작은 농장을 사기도 하고, 비록 영국 정규군은 아니었지만 버지니아 민병대 장교가 되어 군인으로 성공하고자 하는 꿈을 펼치기도 했다. 하지만 당시 식민지인에게는 일종의 '유리천장'이 존재하고 있었다. 식민지 출신이라는 이유만으로 조지는 군대에서 계급이 낮은 영국 정규군 장교에게 수모를 당하지 않으면 안 되었다. '프랑스 인디언 동맹 전쟁(the French and Indian War, 1954~1963)'에서 많은 공로를 쌓은 조지는 영국 정규군에 편입되고자 두 번이나 정규군을 신청했으나 거절당하였다. 조지는 더 이상 군대에 미련을 두지 않고 단호하게 군을 제대함으로써 또 다른 길에서 성공을 모색했다.

형 로렌스의 갑작스러운 죽음으로, 또 버지니아의 돈 많은 과부인 마사 커티스(Martha D. Cutis)와의 결혼으로 조지는 대농장의 주인이 되었다. 대농장의 주인이라는 사실은 당시 버지니아 사회에서 최고로 성공한 경우로 여겨졌다. 하지만 조지는 이에 만족하지 않고 또 다른 새로운 길을 개척했다. 버지니아 주 하원의원에 출마하여 당선되면서 정치를 시작했다. 또한 조지는 지역의 교구위원으로도 활발한 활동을 하면서 대농장주로, 지역 일에 큰 관심을 가진 능력 있는 정치인으로 성공적인 삶을 살아가고 있었다.

하지만 시대는 조지 워싱턴에게 좀 더 크고 의미 있는 성공의 방향키를 쥐어 주었다. 일련의 식민지 쟁탈전을 승리로 마무리한 영국의 조지 3세는 중상주의 정책을 적극 추진하여 식민지 아메리카에 보다 많은 것을 요구했다. 1763년 포고령을 통해 영국은 식민지인이 애팔래치아 산맥 너머로의 진출을 하지 못하도록 금지시켰다. 영국정부는 1764년의 설탕법, 1765년의 인지세법, 1767년 타운센드법(Townshend Acts) 등 연이은 세금으로 식민지인을 압박했다. 이에 매사추세츠와 버지니아를 중심으로 식민지인들은 '대표 없는 과세 없다(no taxation without representation)'라는 주장을 내세워 납세를 거부했을 뿐만 아니라 영국 상품 불매운동을 전개했다. 급진주의자 새뮤얼 애덤스(Samuel Adams)는 '자유의 아들들(Sons of Liberty)'이라는 독립단체를 만들어 반영(反英) 투쟁을 조직화했다. 그는 이와 같은 동의하지 않은 세금은 식민지인들의 자연권과 보편적 권리를 침해한 것이라고 규탄하고 영국 본국에 대한 식민지인 전체의 반대투쟁을 호소했다.

이에 버지니아 지역 유지였던 조지 워싱턴은 침묵하지 않았다. 1769년 그는 타운센드법을 비난하고 이는 아메리카인의 자유를 침해했다고 주장했다. 그러면서 워싱턴은 아메리카 정치인으로서는 처음으로 '만약 이 법이 강행될 때 식민지인들은 무기를 드는 저항을 할 수 있을 것'이라 발언했다. 또한 그는 영국 상품의 수입을 반대하는 것은 식민지의 제조업과 경제적 자립을 자극하는 계기가 될 것이라 주장했다. 워싱턴은 이런 생각을 조직적으로 영국 상품 불매운동을 전개하고 있었던 이웃이자 유명한 정치가인 조지 매이슨(George Mason)과 의견을 나누었다. 워싱턴과 매이슨의 적극적인 지지와 발의로 버지니아 주 하원은 4가지 결의안을 통과시켰다. 첫째, 버지니아 하원이 세금을 부과할 수 있는 유일한 권리를 가지고 있다. 둘째, 버지니아인들은 불평과 불만을 해소하기 위해 그들의 주권을 청원할 수 있는 권한을 가지고 있다. 셋째, 범죄자들에 대한 모든 재판은 버지니아 주에서 이루어져야 한다. 넷째, 이렇게 될 때 조지 3세에 대한 충성을 확인한다.[3]

3) A. Ward Burian, *George Washington's Legacy of Leadership*, Morgan James Publishing, 2007.

식민지인들의 거센 저항에 부딪친 영국정부는 1770년에 차세만을 남겨 두고 타운센드법을 폐지시켰다. 차세는 인도산 차를 식민지에 팔아 파산 직전에 있는 동인도회사를 구하기 위해서는 가장 필수적인 세금이었다. 또한 이것은 언제라도 영국정부가 식민지에 세금을 부과할 수 있는 상징으로 남겨 두었다. 그러나 식민지인들은 이것에 만족하지 않았다. 3월 5일 보스턴에 모인 식민지

저항자들은 행진을 하고 있는 영국 해병대를 향해 눈덩이를 던지면서 영국의 식민지 정책을 비난했다. 이에 영국군들은 군중을 향해 총을 발포 했고 그 자리에서 5명이 죽었다. 새뮤얼 애덤스는 이를 '보스턴 대학살(Boston Massacre)'로 과장하여 보도했고 식민지인의 저항과 독립의 필요성을 역설했다.[4] 1773년 12월에 '자유의 아들들'은 남아 있는 차세를 무력화시키기 위해 인디언 복장을 하고서 보스턴 항에 정박 중인 영국 상선에 침입하여 선적되어 있는 차를 모두 바다에 던져 버렸다. 역사는 이를 '보스턴 차사건(Boston Tea Party)'이라고 한다.

[4] 이러한 과장된 표현은 식민지인들을 더욱 단합시키는 결과를 낳았다.

이에 영국은 보스턴 항구법과 군대 주둔법을 통과시켜 매사추세츠 식민지를 더욱 압박했다. 그러나 매사추세츠 식민지인의 저항은 계속되었고 더욱 거세졌다. 매사추세츠에서의 사건을 접한 버지니아의 워싱턴 역시 이들과 보조를 같이했다. 버지니아 주는 알렉산드리아에 모여 조지 매이슨과 워싱턴의 지도 아래 '패어팩스 카운티 결의안'을 통과시켰다. 워싱턴은 의장이 되어 이 모임을 주도했다. 첫째, 영국 상품의 수입을 반대한다. 둘째, 보스턴의 저항을 지지한다. 셋째, 대륙회의를 구성하도록 제안한다. 넷째, 노예무역을 종결할 것을 제안한다.[5]

[5] Burian, *George Washington's Legacy of Leadership*.

워싱턴은 1774년과 1775년 연이은 대륙회의의 버지니아 대표로 선출되어 활동했다. 독립전쟁은 매사추세츠에서 시작되었는데 1775년 4월 19일 보스턴 외곽의 렉싱턴과 콩코드에서 식민지인들과 영국군 사이의 최초의 전투가 벌어졌다. 식민지인들은 이 소규모 전투를 두고 '세계에 울려 퍼진 총성'으로 과장하여 본국에 대한 저항을 더욱 정당화했다. 제2차 대륙회의에서 워싱턴은 대륙군 총사령관으로 임명되었다. 이 임명에 대해 워싱턴은 자신이 적합하지 않은 인물이라 생각했다. 그러나 당시 식민지에는 워싱턴만큼 군사적 경험을 가진 인물이 없었다. 이 직책을 수행하기에는 모든 것이 부족하고 어려움이 산재해 있지만 워싱턴은 조국의 부름에 기꺼이 부응했다. 그는 "이 영광스러운 대의(glorious cause)를 수행하는 데 내가 가지고 있는 모든 힘을 다할 것"이라 맹세했다. 그러면서 그는 "무보수로 이 일을 할 것"이라고 말했다.[6]

[6] George Washington Papers at the Library of Congress, 1741~1799.

경제적으로 부유하지도 않았고, 장자도 아니었고, 공부를 통한 성공의 기회도 얻지 못하고, 군인으로 성공하고자 했지만 식민지인이라는 이유로 원했던 성공의 반열에 올라서지 못했던 워싱턴은 스스로 성공을 위한 기회를 찾아 나섰다. 워싱턴은 독학을 통해 스스로를 가르쳤고 형 로렌스와 같은 멘토를 통해 성공의 기회를 잡아갔다. 그는 측량사로, 군인으로, 농장주로 당시 버지니아 사회에서 성공한 사람들로 여겨지는 길을 추구했다. 특유의 성실함으로 워싱턴은 상당한 성공을 거두었다. 그는 고향 버지니아에서 대농장을 경영하는 대농장주와 지역 일에 봉사하는 지역 정치인으로서의 삶을 살고 있었다. 하지만 역사의 수레바퀴는 워싱턴을 좀 더 크고 세계사적으로 의미 있는 성공의 장으로 가도록 기회를 제공했다.

당시 세계 최강의 군대를 보유하고 있는 영국을 상대로 독립군 총사령관이 된 워싱턴은 이제 아메리카 식민지인 전체의 운명을 책임지게 되었다. 성공할 경우 독립된 나라에서 자유와 자치 정부가 보장될 수가 있다. 더불어 워싱턴은 대대적인 칭송을 받을 수 있다. 하지만 만약 실패를 할 경우 식민지의 운명이 가혹하게 되리라는 것은 쉽게 예상할 수 있다. 아마도 워싱턴은 반란군의 수괴로 체포되어 사지가 찢어지는 죽음을 면치 못할 것이었다.

달콤한 권력의 마수에서 벗어난 유일한 권력자

로마의 카이사르, 영국의 크롬웰, 프랑스의 나폴레옹, 스페인의 프랑코, 독일의 히틀러, 우리나라의 박정희, 전두환, 노태우 등은 정도의 차이는 있지만 이들은 국가가 위기에 처해 있을 때 위기에 처해 있는 국가를 구해야 한다는 명분을 내걸고 군인으로서의 임무를 다했다. 그러나 하나같이 이들은 종국에는 가지고 있는 군사적 힘을 시민정부에 돌려주지 않고 달콤한 권력의 마수에서 벗어나지 못한 권력의 찬탈자 내지 독재자의 길을 갔다. 이들은 방법의 차이는 있지만 정당한 시민정부를 총칼로 위협하여 무너뜨리고 저항하는 시민을 억압하여 자신의 권력을 영속화하는 데 급급했다.

하지만 최고의 군사적 힘을 가진 자가 자신의 권력을 스스로 내려놓고 그 권력을 정당한 정부와 시민들에게 돌려준 인물이 있다. 바로 조지 워싱턴이다. 군사적으로 최고의 권력을 가진 자가 그 권력의 마수에서 스스로 벗어난 사람은 역사적으로 조지 워싱턴을 제외하고는 아무도 없다.

독립전쟁의 총사령관이 되었지만 워싱턴 앞에는 해결해야할 수많은 어려움이 산재해 있었다. 세계 최강 군대를 자랑하는 영국 정규군을 상대할 식민지군은 민병대 중심으로 이루어진 그야말로 형편없는 군인들이었다. 적(敵)은 당장에 공격할 준비가 되어 있었지만 여러 주에서 자원한 민병대로 이루어진 식민지군은 이제 훈련을 통해 제대로 된 군인으로 만들어야 했다. 이에 더하여 식민지군은 식량, 화약, 이불, 신발 등의 전쟁물자가 절대적으로 부족했다.

전쟁 동안 여러 차례의 패배로 수없는 고통과 어려움이 다가왔지만 워싱턴은 특유의 인내심과 성실함으로 전쟁을 이끌었다. 1777년 파지 계곡에서의 겨울은 워싱턴이 겪은 최악의 고통이었다. 혹독하게 추운 날씨에 물자는 턱없이 부족했다. 그럼에도 워싱턴은 "비록 지금은 어렵지만 기필코 우리는 독립과 자유와 평화를 원하는 이 전쟁을 승리로 이끌 수 있다"라는 낙관적 신념으로 전쟁을 이끌었다.[7]

1781년 10월 영국군 총사령관 콘윌리스(Charles Cornwallis)가 요크타운 전투에서 항복함으로써 기나긴 독립전쟁은 끝이 났다. 전쟁은 끝났지만 영국군은 조약이 채결되는 동안 아메리카 대륙을 떠나지 않고 있었다. 이에 워싱턴 역시 다시 재개될 수 있는 전쟁에 대비하여 군대를 해산하지 않고 유지하고 있어야만 했다. 따라서 전쟁 때와 마찬가지로 독립군에게는 여러 어려움이 지속되었다. 약속된 보수를 제때 지급받지 못한 문제와 여전히 지속된 식량과 옷 등의 물자의 부족은 병사들과 장교들의 불만을 고조시켰다. 이러한 때 몇몇 장교들이 대륙회의가 문제를 해결해 줄 것을 청원했지만 대륙회의는 그럴 수 있는 힘이 없었다. 이에 1782년 5월에 워싱턴의 루이스 니콜라(Lewis Nicola) 대령을 중심으로 몇몇의 장교들이 워싱턴에게 몰려와 "아메리카의 왕이 되어 주십시오"라고 간청했다.

---

7) Jared Sparks, *The Life of George Washington*, Little Brown, 1860.

어떻게 보면 그들에게 있어서 이 제안은 당연한 것이었는지 모르겠다. 당시까지만 하더라도 인간들이 만든 정부형태 중 최고의 것이 영국정부와 같은 입헌 군주제였기 때문이었다. 그러나 워싱턴은 니콜라를 꾸짖으며 다음과 같이 말했다.

> 대령님, 당신으로부터 들은 이 소리는 나에게 엄청난 고통과 놀라움을 주고 있습니다. 이러한 생각이 군대 내에서 거론되고 있다는 것을 알게 되는 이 순간이 오랜 전쟁 동안 겪은 그 어떤 고통보다 더 고통스럽습니다. 아직도 전쟁이 계속되고 있는 이 순간에 군대 내에 그런 생각이 있다는 당신의 편지를 보고 나는 비통한 마음을 금할 길이 없습니다. 이것이야말로 이 나라에서 일어날 수 있는 가장 불행한 사건입니다. 헛되고 헛된 생각을 집어치우시기 바랍니다.[8]

8) Washington to Col. Lewis Nicola, May 22, 1782.

이 대답으로 워싱턴은 인류 역사상 최초로 그동안 볼 수 없었던 새로운 형태의 정부 탄생의 가능성을 열어 두었다. 바로 국민이 주인이 되는 민주공화국으로 시민정부가 그것이었다. 이 선택은 워싱턴의 역사적 위상을 가장 극명하게 보여주는 사례라 할 수 있다. 비록 고대 아테네에서 시민들이 주인이 되는 민주주의가 있기는 했지만 이는 어디까지나 아테네 시민만을 위한 것으로 보편적 인간의 평등에서 근거한 미국의 민주주의와는 근본적으로 차이가 있다.

독립전쟁에서 승리한 군과 총사령관 워싱턴은 막강한 힘과 영향력을 가지고 있었던 반면에 당시 시민정부인 연합정부는 힘이 없었다. 한 국가를 이끌어 가는데 가장 중심이 되는 조세권도 없었고 독자적인 군사력도 보유하지 못하였다. 그래서 총사령관인 워싱턴이 마음만 먹으면 곧바로 정부를 접수하고 그가 왕이든 황제든 되어 권력을 차지할 수 있었다. 얼마 전 대의를 내걸고 군사적 역량을 발휘한 영국의 크롬웰이 그랬던 것처럼 얼마든지 권력을 차지할 수 있었다. 하지만 워싱턴은 그 길을 선택하지 않았다.

요크타운 전투 이후 시간이 지나면서 크게 할 일이 없었던 군인들은 대륙회의가 기한이 넘은 보수와 약속한 연금을 지불해 주지 않는 것에 불만을 터뜨렸다. 1782년 12월 뉴버그 숙영지에는 여하간의 불만이 가득한 익명의 유인물이 유포되었다. 몇몇 장교들은 대륙회의에 청원서를 냈으나 무시되었다. 다수의 병사들은 반란을 조직하여 필라델피아로 행진을 하고자 했다.

설마 했지만 장교와 병사들의 쿠데타를 위한 집회 계획을 알았을 때 워싱턴은 그 계획에 앞서 1783년 3월 15일 자신이 먼저 집회를 소집했다. 워싱턴은 시민정부에 군인들의 개입을 막아 이 나라가 내란의 위기로 치닫지 않도록 하는 것이 자신의 의무라고 생각했다. 장교들과 병사들이 모인 가운데 약간 긴장한 표정의 워싱턴이 참석했다. 워싱턴을 본 군인들은 이전에 그토록 존경하고 따랐던 그들의 총사령관을 대하는 눈빛이 아니었다. 그들은 불만과 분노로 가득 찬 눈으로 워싱턴을 바라보았다. 아무 말 없이 워싱턴은 준비한 원고를 읽었다.

> 혁명 초기 여러분들은 참으로 헌신적이었습니다. 그때나 지금이나 나는 여러분들을 너무나 사랑합니다. 지금 여러분의 요구에 대한 조치가 늦어지고 있지만 결국은 정당하게 처리될 것으로 믿습니다. 홍수와 같은 내란으로 우리 조국을 피로 물들게 하지 마십시오. 언젠가 우리 후손들은 우리들에게 인류를 위해 이룩한 위대한 업적이 무엇이냐고 물을 것입니다. 그러면 그때 우리가 오늘 이 같은 일을 하지 않았기 때문에 사람들이 도달할 수 있는 최후의 완벽한 단계를 보고 있다고 말해야 할 것입니다.[9]

9) James T. Flexner, *George Washington in the American Revolution, 1775~1783*, Little Brown, 1967.

그럼에도 다수의 장교들과 일부 병사들은 불만을 누그러뜨리지 않았다. 워싱턴은 자신의 원고를 더 이상 읽을 수가 없었다. 잠시 후 그는 당황한 모습으로 호주머니에서 무엇인가를 끄집어냈다. 한 장의 편지와 안경이었다. 대륙회의 한 의원으로부터 온 편지였다. 이를 읽기 위해 주저하다가 안경을 쓴 워싱턴은 다음과 같이 말했다.

> 여러분, 여러분들은 나를 용서해 주시기 바랍니다. 조국을 위해 봉사하는 동안 머리도 희고 이제 눈도 제대로 보이지 않으려고 합니다. 여러분 제가 안경을 쓰는 것을 용서해 주십시오.[10]

10) Flexner, *George Washington in the American Revolution, 1775~1783*.

워싱턴의 이 소박한 말과 행동은 불신과 불만으로 얼어붙어 있던 장교와 병사들의 마음을 달래는 데 충분했다. 장교들은 물론 병사들까지 눈물을 흘렸다. 그들은 다시 한 번 대륙회의에 충성을 맹세했다. 이 사건을 두고 후에 대통령이 된 토머스 제퍼슨(Thomas Jefferson)은 "우리의 독립혁명은 역사상 대부분의 다른 혁명과 달리 단 한사람의 자제심과 덕성에 힘입어 새롭게 건설하려던 자유를 무너뜨리는 것을 막았다"고 평가했다.[11]

11) Thomas Jefferson, *The Writing of Thomas Jefferson*, Thomas Jefferson Memorial Association, 1903~1904.

아메리카 식민지와 영국의 평화조약이 1782년 11월 10일 파리에서 조인되었다. 영국은 이듬해 9월 3일 미국의 독립을 승인했다. 남아 있던 영국군 역시 11월 25일에 뉴욕에서 철수했다. 독립이 성취되었다. 수많은 희생이 없이는 결코 불가능했을 것이었다. 누구보다도 워싱턴의 희생이 컸다. 마운트버넌은 폐허가 되다시피 했으며 전쟁 중 많은 개인재산을 내놓았다. 그러나 그는 이 일을 조국을 위한 봉사라고 생각했고 보수나 그 어떤 감사를 바라지 않았다. 그럼에도 미국은 물론이고 전 세계에서 감사와 칭찬이 워싱턴에게 쏟아졌다.

이제 워싱턴은 군인으로서의 임무를 마치고 일반시민으로 돌아 갈 수가 있었다. 하지만 병사들의 봉급과 연금 문제가 아직 해결되지 않고 있어 워싱턴은 마음이 편치 않았다. 워싱턴은 오랫동안 국가를 위해 군 복부를 한 총사령관의 전역식이라고 하기에는 너무나 초라한 전역식을 치렀다. 뉴욕으로 간 워싱턴은 프론시스의 선술집을 들러 생사를 함께했던 병사들에게 술을 따르며 그들과 일일이 포옹했다. 그는 흐르는 눈물을 참으며 "나는 이후부터 여러분들의 삶이 이전에 영광스럽고 명예스러웠던 것과 같이 번성하고 행복해지기를 진심으로 바랍니다"라고 말했다.[12]

워싱턴은 12월 4일 뉴욕을 떠나 체사피크의 아나폴리스에서 열리고 있는 대륙회의를 찾아가 군사 권력의 상징인 칼을 반납하고 총사령관직을 사퇴했다. 그리고 아무런 미련 없이 고향 '마운트버넌'으로 돌아갔다. 아내 마사는 9년 만에 집으로 돌아오는 남편을 기쁘게 맞이했다. 칼을 놓고 대신 쟁기와 전지용 칼을 든 워싱턴의 이 행동을 두

---

[12] Sparks, *The Life of George Washington*.

고 많은 역사가들은 "역사상 가장 중요한 사건 중 하나로" 평가하면서 그를 미국의 킨키나투스(Cincinnatus, 기원전 458년 로마시대 농민인 킨키나투스는 6개월 임기의 독재관으로 임명되었다는 통고에 괭이를 버리고 권력의 지휘봉을 잡았다. 그는 단지 15일 만에 국경을 침입한 적을 평정하고 난 후 법적으로 보장된 임기(6개월)가 남아 있음에도 불구하고 권력을 버리고 다시 밭으로 돌아가 농부의 일상을 시작한 인물이다)로 설명하고 있다.

세계는 워싱턴에 환호했다. 권력과 칭찬을 한 몸에 받고 있던 워싱턴이 사퇴했다는 소식을 전해들은 오랫동안 적(敵)이었던 조지 3세는 "워싱턴이야말로 이 지구상에서 가장 위대한 사람이며 가장 위대한 성격을 가진 사람"이라고 말했다. 프러시아의 프리드리히 대왕은 워싱턴을 크게 찬양했다. 그는 "유럽의 가장 노장의 장군으로부터 전 세계의 가장 위대한 장군에 이르기까지"라는 문구가 새겨진 검을 선물로 워싱턴에게 보내 왔다.[13]

13) Caroline M. Kirkland, *Memoirs of Washington*, Appleton, 1857.

권력은 유한하고 리더십은 영원한 법이다. 누군가가 '권불십년(權不十年)', '화무십일홍(花無十日紅)'이라고 하지 않았는가. 권력을 행사하는 그 순간은 달콤하지만 그 끝은 쓸개보다 더 쓴 법이다. 권력의 속성을 누구보다 더 잘 알고 있었던 워싱턴은 권력에 스스로를 함몰시키기 않았다. 그는 인간의 자유를 신장시킨 위대한 새 시대를 개척자이자 새 국가의 건설자로 영원한 자리매김을 했다.

인류 최초의 진정한 자유와 민주주의 국가를 창조한 사람

문명이 탄생한 이래로 인간 사회는 지배자와 피지배자로 구분되어 왔다. 이집트 문명, 메소포타미아 문명, 인더스 문명, 황하 문명이 그러했다.

시간이 흘러 고대 그리스 도시국가 아테네의 번성기에 와서야 비로소 인류는 완벽하지는 않지만 고귀한 민주주의를 맛보았다. 아테네의 위대한 영웅 페리클레스는 민주적 정치 체제를 국가 통치의 근본으로 삼았다. 하지만 아테네 민주 정치는 극도로 협소한 소수의 아테네 시민에게만 해당되는 경우였다. 아테네에서 시민이 될 수 있는 것은 부모가 모두 아테네 시민으로 성인 남자일 경우만 가능했다. 여러 면에서 부족하지만 인류의 소중한 민주주의의 경험은 아테네의 몰락과 함께 사라져 버렸다. 그리고 역사는 로마와 중세와 근대 국가로 변화를 거듭했지만 인류는 그 어느 곳에서도 민주주의를 경험할 수가 없었다.

아메리카 식민지가 영국의 지배에서 벗어나 인류 최초의

진정한 자유와 민주주의 국가를 창조하기까지……. 조지 워싱턴은 바로 이 일의 주역이었다.

독립전쟁을 '미국 혁명'으로 부르는 이유는 단순히 이 전쟁이 아메리카 식민지가 영국의 지배로부터 벗어난 그 이상의 큰 의미가 있기 때문이다. 아메리카 혁명전쟁에서의 승리는 인류에게 있어 자유와 민주주의의 새 시대의 시작을 의미했다. 새롭게 탄생하고 있는 미국은 지금까지 존재하지 않았던 세계에서 처음이자 유일한 국가였다. 미국 건국의 이념 역시 지금까지 처음이자 유일했다. 모든 인간은 평등하게 창조되었다. 그들은 침해받지 않을 신이 부여한 생명권, 자유권, 재산권을 가지고 있다. 인간의 이러한 권리는 누구나가 타고날 때 가지고 나온 자연적인 권리이다. 그들은 정부는 시민들에게 봉사하기 위해 존재하는 것이지 그들을 군림하거나 지배하는 것이 아니라는 것과 시민이 국가의 우위에 있다는 것을 합의했다.

미국은 이러한 이념 아래 자유가 성장하고 국가가 번영할 수 있도록 튼튼한 구조를 제공하는 새로운 형태의 정부를 필요로 했다. 무거운 짐을 벗은 미국의 킨키나투스는 고향에서의 생활에 만족하고 있었지만 이 나라는 다시 한 번 그의 봉사를 필요로 했다. 이 나라는 새롭고 자유로운 국가를 만들기 위해서는 자유 이념이 녹아 있는 헌법을 제정해야만 했다. 워싱턴은 '제헌회의(constitutional convention)'에 참석하지 않기를 바랐지만 상황은 그를 그냥 내버려 두지 않았다. 새롭게 탄생한 신생 국가의 리더들 중 워싱턴을 필적하는 사람은 벤저민 프랭클린(Benjamin Franklin) 정도였다. 그러나 그는 81세였고 따라서 워싱턴이 제헌회의에 의장이 될 것은 분명했다.

하지만 워싱턴은 몇 가지 고민에 빠졌다. 다시는 공직을 맡지 않으리라 했는데 제헌회의의 의장직을 수락하면 스스로의 약속을 위반하는 표리부동하다는 비난을 받을 수도 있었다. 또 만약 참석하지 않는다면 자신이 왕이나 황제가 되려고 이 회의가 좌절되기를 바라고 있지 않나하는 의심을 받을 수도 있었다. 이전에도 그랬듯이 각 주의 대표들이 자신이 속해 있는 주의 이익만을 위해 노력하여 회의 자체가 무산되지나 않을까도 걱정했다. 무엇보다 사랑하는 아내가 다시는 공직에 나가는 일을 반대하고 있었다.

이러한 복잡한 고민에도 불구하고 워싱턴은 제헌회의에 참석하기로 했다. 이전에 그랬던 것처럼 그는 자신의 의무와 헌신으로 나라를 안정시키고 자유롭고 민주적인 정부의 탄생을 위해 기꺼이 동의했다. 많은 사람들이 워싱턴이 회의에 참석하지 않을 것이라 믿었는데 그가 회의에 참석한다는 소리를 듣고 기쁨을 감추지 못하였다. 버지니아 대표로 참석한 제임스 매디슨(James Madison)은 제퍼슨에게 다음과 같은 편지를 썼다.

> 우리는 사실 나라를 위해 수많은 업적을 이룩한 그분에게 더 이상 희생을 요구할 수 없습니다. 하지만 그분은 명예로운 은둔 생활을 포기하고 또 지금까지 쌓은 명예에 흠집이 생길 수도 있지만 이번 회의에 참석하신다고 합니다. 이는 그분이 우리 국민들을 얼마나 사랑하고 계시는지를 명백히 보여 주는 것입니다.[14]

14) Burian, *George Washington's Legacy of Leadership*.

각 주마다 자기 주에 유리한 주장을 하여 논란이 없지 않았지만 우여곡절 끝에 1787년 9월에 미합중국 헌법이 탄생했다. 제헌회의에서 워싱턴은 의장으로 회의만 진행시켰을 뿐 수많은 논쟁에 일절 개입하지 않았다. 그러면서도 워싱턴은 이러한 논쟁은 새 시대, 새 국가를 탄생시키는 데 너무나 소중한 일임을 느꼈다. 그는 이 회의를 이끌어 가던 중에 다음과 같은 글을 썼다.

> 지금 이 극장에는 지금까지 공연된 그 어떤 연극보다도 더 위대한 '아메리카'라는 작품이 상영되고 있습니다. 우리들은 모든 시민들이 어떠한 정부 형태가 자신들에게 행복을 가져다 줄 것인지 심사숙고하는 참신하고도 놀라

운 장면을 연출하고 있습니다. 우리들은 지금까지 인간들이 만든 어떠한 정부보다 한층 완벽에 가까운 정부를 만들고 있다고 확신하고 있습니다.15)

15) Burian, *George Washington's Legacy of Leadership*.

새 헌법에 따라 선거인단이 구성되고 1789년 2월 4일에 워싱턴은 만장일치로 대통령에 선출되어 4월 30일 취임했다. 미국 최초의 대통령이자 세계 최초의 대통령의 탄생이었다. 이전의 그 어떤 체제와 달리 미국은 국가 최고 권력자가 지배자로 군림하고 권력을 죽을 때까지 영속화하는 그런 체제가 아니었다. 대통령 역시 한 사람의 국민으로서 자유로운 국민이 주인인 국가를 잠시 책임지는 사람에 불과했다. 국민이 자유롭게 그들의 리더를 뽑을 수 있는 체제의 탄생은 인류 역사상 가장 획기적인 변화 중 하나라 할 수 있다. 선출된 대통령은 국민의 자유를 신장하고 국가가 번영할 수 있도록 최선을 다하였는데 워싱턴은 바로 그런 사람이었다.

국가 체제를 정비하고 국가 재정 문제를 다루면서 주로 국내 문제에 치중한 첫 번의 임기를 마친 워싱턴은 고향으로 돌아가려고 했다. 하지만 제퍼슨과 해밀턴 등의 내각 인사들은 물론 대부분의 국민들이 워싱턴에게 한 번의 임기를 더 해 줄 것을 간절히 부탁했다. 헌법에 기초하여 국가를 다시 잘 조직하고 연방을 결속시키며 외교 문제를 비롯한 새 국가가 직면한 수많은 일들이 다가오는 가운데 워싱턴은 혼자만 벗어날 수가 없었다. 결국 워싱턴은 또 다시 만장일치로 대통령에 당선되어 1793년 3월 4일에 두 번째 임기에 취임했다. 첫 번째 임기와 달리 두 번째는 프랑스혁명과 연관된 외교 문제에 치중했다.

또 다시 임기 말이 다가오자 이제 많은 사람들이 워싱턴이 종신 대통령이 되기를 종용했다. 이에 워싱턴은 다시는 이런 생각이 나오지 않도록 하기 위해 임기가 끝나기 6개월 전인 1796년 9월에 소위 '고별 연설(Farewell Address)'를 발표하면서 자신의 퇴임을 기정사실화 했다. 워싱턴의 2선 후 퇴임은 이후의 미국 역사에서 하나의 불문율로 정해졌다. 물론 프랭클린 루스벨트 대통령은 대공황과 전쟁기라는 특수 상황으로 4선이 되었지만 루스벨트를 이은 트루먼 재임 시 수정헌법을 통해 이후부터 그 어떤 경우라도 미국 대통령은 재선까지만 허용되었다.

성장과정 1장
애정결핍과 자기보상의 랑데부

애정결핍과 자기보상의 랑데부[1]

[1] 이 장은 김형곤, 「조지워싱턴의 성장과정에 관한 해석적 논의」, 『서양사학연구』 제22집, 한국서양문화사학회, 2010. 6의 내용을 수정·보완한 내용임을 밝힌다.

성장과정의 연속된 애정결핍

독립군 총사령관이자 초대 대통령으로 미국을 세운 '건국의 아버지'인 조지 워싱턴은 일반적으로 알려진 것과 달리 '날 때부터 은수저를 물고 태어난 사람'이 아니었다. 조지의 집안은 물론 그의 성장과정에는 은수저하고는 거리가 멀었다. 오히려 조지는 성장과정을 통해 스스로의 노력으로 은수저를 찾아갔다. 사실 조지의 유년시절은 사랑과 관심보다 박탈감과 소외감을 느끼게 하는 애정결핍 요인들로 가득했다.

조지 워싱턴은 청교도 혁명기 몰락한 왕당파 출신의 자손이다. 1656년에 버지니아에 정착한 그의 증조할아버지 존(John) 이후 할아버지 로렌스(Lawrence), 아버지 어거스틴(Augustine)이 조지의 직계조상들이다. 그의 조상들은 하나같이 토지를 구입하고 다양한 공직을 지내면서 지역사회의 주류로 등장하고자 노력했다. 특히 증조할아버지 존은 약 100년 후의 조지와 많은 점에서 닮았다. 혼자서 신대륙을 건너 온 존은 육체적으로 에너지가 넘쳐났고, 땅을 구입하는 것을 너무나 좋아했으며, 국가와 사회와 군대에서 많은 책임을 가진 리더로 봉사하는 것을 명예롭게 생각했으며 정직하고 성실하고 용기 있다는 사회적 평가를 소중히 여겨 버지니아에 워싱턴 집안의 기틀을 잡았다.

하지만 정착한지 4대가 되었지만 워싱턴 집안은 그렇게 큰 부자는 되지 못하였다. 단지 아버지 어거스틴은 더 많은 토지를 구입하기 위해 애를 썼고 광산과 철공소를 운영하면서 버지니아의 소 젠트리 계층에 겨우 들어갈 정도였다.[2] 그래서 그는 좀 더 큰 영향력을 가질 수 있는 부를 모으는 일에만 온통 시간과 에너지를 쏟았다. 그 때문에 유년시절 조지는 너무나 바쁜 아버지로부터 단 한 번도 애정 어린 관심을 받아본 적이 없었다.[3] 후에 아버지에 대한 기억에서 조지는 "마치 아버지는 자식에 대한 모든 관심을 끊어버린 것으로 생각되었다"고 회고했다.[4]

단지 아버지는 조지에게 책을 사주었고 잠시 동안 가정교사를 들여 공부를 시켰다. 그리고 조지가 11세가 지나면 공식적인 교육을 위해 영국의 애플바이 학교(the Appleby School)에 보내기로 마음먹고 있었다.

[2] 소 젠트리는 많은 토지와 다른 재산을 소유한 젠트리에 비해 그 영향력이 크지 않았다.

[3] 사실 워싱턴은 그의 수많은 글이나 공식적으로 아버지에 대해 단 한 번도 언급하지 않았다.

[4] John E. Ferling, *The First of Men: A Life of George Washington*, Knoxville: University of Tennessee Press, 1988, p. 6.

어린 조지는 아버지에게서 느낀 애정결핍을 다소 설레는 영국 유학이라는 공부를 통해 보상하고자 했다. 그런데 1743년 4월 12일 갑자기 아버지가 사망했다. 이제 겨우 11세가 된 조지는 교육에 대한 막연한 기대감이 송두리째 깨져버리는 순간이었다. 그 이후 조지는 어떤 공식적인 교육을 받지 못하였다.

버지니아 웨스터모어랜드에 있는 워싱턴의 생가

일생을 두고 조지는 대학을 비롯한 고등교육은커녕 그 어떤 공식적인 교육을 받지 못한 것에 대해 적지 않은 콤

플렉스를 가지고 있었다. 특히 제퍼슨, 해밀턴, 존 애덤스 등과 같은 건국의 아버지들은 대학교육을 받았지만 자신은 무학이라는 사실에 더욱 그러했다. 하지만 워싱턴은 자신이 공식적인 교육을 받지 못한 것에 결코 함몰되어 있지 않았다. 말하자면 조지는 자신의 부족한 교육으로 인하여 받은 심리적 결핍을 다른 분야에서 보상하는 인생을 살았다. 독

워싱턴이 17세 때 버지니아 쿨페퍼 카운티를 측량하고 있는 모습

학을 통해 18세기의 버지니아 젠틀맨이 갖추어야 할 교양과 지식을 스스로 배웠을 뿐만 아니라 당시 성공의 잣대로 여겨지는 공부인 측량술을 익혀 스스로를 성장시켜 나갔다. 군인은 성공으로 가는 또 하나의 길이었기 때문에 워싱턴은 군인의 길을 가고자 했던 것이다. 여기에 더하여 대농장을 소유한 농장주가 되는 것도 성공을 위한 기회를 찾는 길이었다.

아버지의 죽음으로 조지가 유학을 가지 못하게 된 데는 두 가지 이유가 있었다. 하나는 조지가 워싱턴 집안의 장자가 아니었다는 점이고, 다른 하나는 그의 어머니 매리 볼

(Mary Ball)의 냉랭한 이기주의와 고집불통 때문이었다. 조지 워싱턴은 아버지 어거스틴과 그의 두 번째 부인인 매리 볼 사이에서는 장자로 태어났지만 장자가 누릴 수 있는 권리는 전혀 갖지 못했다. 왜냐하면 워싱턴 집안의 장자는 조지의 이복형인 로렌스였기 때문이었다. 당시 버지니아에는 소위 '장자상속제(primogeniture)'가 엄격히 지켜지고 있었기 때문에 마운트버넌(Mount Vernon)5)을 비롯한 아버지 재산의 대부분은 로렌스에게 유산되었다. 조지보다 14세가 위인 로렌스는 후에 조지의 훌륭한 역할모델로 적극적으로 조지를 도와주었지만 아버지가 사망할 당시 이복동생의 교육에 대해서 적극적으로 신경을 쓸 겨를이 없었다. 애플바이 학교에서 유학을 하고 영국 정규군으로 활동한 로렌스는 버지니아에서 자신의 성공을 위해 노력을 했음은 물론 고압적인 새어머니와 동생 문제를 두고 대화하기를 꺼렸다.

조지 워싱턴과 그의 동생들 역시 일부의 유산을 받았지만 어머니가 모든 것을 관리했다. 어머니 매리 볼은 세 살에 아버지를 아홉 살에 어머니를 잃었다. 어린 시절에 부모를 잃은 매리는 아버지의 친구인 조지 에스커리지(George Eskridge)에 의해 양육되었지만 부모의 사랑에 목마를 수밖에 없었던 그녀 역시 깊은 애정결핍을 경험하면서 성장했

---

5) 마운트버넌의 본래 지명은 엡스와슨(Epsewasson)이었다. 워싱턴 집안의 장남인 로렌스는 아버지가 죽기 1년 전인 1742년에 영국 정규군 해군으로 카리브해에서의 스페인과의 전투에서 돌아왔을 때 이름을 바꾸었다. 로렌스가 자신이 속해 있던 부대의 제독인 에드워드 버논(Edward Vernon)이 비록 임무는 성공하지 못했지만 군인으로서의 용기와 자신감에 감동받았고 그를 존경하여 자신에게 유산된 땅의 이름을 마운트버넌으로 바꾸었다.

다. 매리는 부모가 남긴 약간의 재산(토지 400에이커, 15마리의 소와 3명의 노예)을 관리해야하는 입장이 되었고 이로 인해 그녀는 공식적인 교육보다 재산을 관리하는 일에 집착했다. 그래서 그녀는 어린 시절부터 독립적이고 고집이 강한 여자로 성장했고 결혼 후 남편 어거스틴이 사망하면서 더욱 강한 성격을 드러냈다. 조지의 어머니 매리 볼 워싱턴을 소개하는 거의 모든 글에서 그녀는 "이기적이고, 소유욕이 강했으며, 변덕스럽고, 예측을 할 수 없으며, 오만하고, 한마디로 괄괄한 여자"로 묘사하고 있다.[6] 조지의 또래친구인 한 조카가 패리 팜을 자주 놀러갔는데 그는 "매리 아주머니는 늘 두려움을 자아내는 분위기를 조성하고 있고 그럴 때면 우리 어머니 보다 10배 이상은 더 무서웠다"고 회고했다.[7] 교육보다 재산을 관리하는 것이 더 중요하다고 여기고 있었던 어머니는 아들 조지의 유학을 적극적으로 반대했다. 그녀는 아들 조지 워싱턴에게 동생들을 돌보고 자신의 재산과 유산으로 받은 농장인 패리 팜의 허드렛일을 강요했다.

애정 어린 사랑은커녕 관심한번 제대로 주지 않은 아버지, 그런 아버지라도 존재 그 자체만으로도 의미가 있었지

6) James T. Flexner, *George Washington*, 4 vols., Boston: Little Brown, 1965~1972, 1: chapter 2 ; Francis R. Bellamy, *The Private Life of George Washington*, New York: Crowell, 1951, chapter 2 ; Samuel E. Morison, "The Young Man Washington," in ed. ; James M. Smith, *George Washington: A Profile*, New York: Hill and Wang, 1969, chapter 1~2.

7) Rejai and Phillips, "The Young Washington: An Interpretive Essay," in Ethan Fishman, William Pederson, Mark Rozell, George Washington, Connecticut: Praeger, 2001, p. 168.

만 아버지의 갑작스러운 죽음, 이로 인한 영국 유학과 공식적인 교육기회 박탈은 어린 조지로 하여금 적지 않은 애정 결핍을 느끼게 했다. 이에 더하여 차갑고 엄격하고 고집 센 어머니의 고압적인 자세는 어린 조지로 하여금 더욱 애정에 목마르게 했다.

형 로렌스와 같이 해군이 되어 바다로 가고자 했지만 어머니는 워싱턴을 패리 팜에 머물도록 강요했다

그래서 조지 워싱턴은 가능한 어머니의 강요와 냉담함이 있는 패리 팜을 벗어나고자 했다. 후에 조지 워싱턴은 아버

지가 사망한 후 15세를 전후한 시기를 "잔인하고 불행한 집"에서 살았었다고 회상했다.[8] 조지는 시간이 있을 때마다 아니 일부러 일을 만들어 어머니를 떠나 이복형 로렌스가 살고 있는 마운트버넌과 또 이곳과 이웃하고 있는 세련되고 우아한 벨

8) John C. Fitzpatrick, ed., *The Writings of George Washington form the Original Manuscript Sources, 1745~1799*, 39 vols., Washington: Government Printing Office, 1931~1944, 2: p. 289.

보아(Belvoir)를 방문하고 그곳에서 많은 시간을 보냈다. 비록 이복형이었지만 로렌스는 자신을 잘 따르는 조지를 특별히 사랑했다. 당시 로렌스는 버지니아는 물론 아메리카 식민지 전역에서 가장 영향력 있는 윌리엄 패어팩스 대령의 딸 앤 패어팩스(Anne Fairfax)와 결혼을 하면서 버지니아 지역사회의 당당한 농장주로, 버지니아 하원의원으로, 그리고 버지니아 민병대 부관으로 성공가도를 달리고 있었다. 로렌스와 그의 장인은 비록 정규교육은 받지 않고 14세라는 적은 나이였지만 너무나 성실한 조지를 영국해군에 입대하도록 주선했다. 조지는 고압적인 어머니를 떠나 해군이라는 새로운 세계로 나아갈 수 있다는 희망에 너무나 기뻤다. 하지만 어머니는 조지가 자신을 떠나는 것을 원하지 않았다. 이 문제를 놓고 조지와 어머니 사이는 물론 로렌스와 새어머니 사이에서 신랄한 원성이 오갔다. 결국 그들은 영국에 살고 있는 어머니의 동생(조지 워싱턴의 외삼촌)인 조셉 볼(Joseph Ball)의 의견을 듣기로 했다. 드디어

기다리던 편지가 왔다. 어떻게 해서든지 조지와 로렌스의 계획을 반대하고자 했던 어머니의 은밀한 부탁을 받은 삼촌의 의견은 다음과 같았다.

해군사병이 되는 것보다 지역 돌팔이 장인의 도재가 되는 것이 훨씬 좋습니다. 왜냐하면 해군사병의 수입은 너무나 형편없으며 나아가 자유로운 시간이 전혀 없습니다. 또한 해군에서의 진급 역시 전혀 기대할 수가 없습니다. 너무나 많은 사람들이 여러 가지 장점을 가지고 있으면서 진급을 위해 최선을 다하고 있기 때문입니다. 조지에게는 이런 것이 없습니다.[9]

9) Joseph Ball to Mary Washington, May 19, 1947.

이제 어머니는 아들의 해군입대를 노골적으로 반대했다. 아직 15세가 되지 않은 조지 워싱턴은 어머니를 따르지 않을 수가 없었다.

그 후 어머니는 조지 워싱턴이 서부 황무지를 측량한 경험을 살려 버지니아 총독 로버트 딘위디(Robert Dinwiddie)의 전령이 되고자 자원했을 때에도 극구 반대했다. 특히 프랑스 인디언 동맹전쟁동안 어머니는 수시로 조지의 참전을 반대했다. 어머니의 잦은 간섭은 군인으로 자기보상의 길을 가고자 했던 조지와 자주 마찰했다. 너무나 많은 간섭과 반대에 시달린 조지는 어느 날 자신의 단호한 입장을 어머니에게 편지로 보냈다.

> 참전을 거부하는 것은 나에게 크나큰 불명예라고 생각합니다. 확신하건대 그것은 제가 참전을 하지 않아 명예롭지 못하게 되는 것보다 훨씬 더 잔인한 고통을 어머니에게 줄 것입니다.[10]

이미 조지 워싱턴은 집으로부터 독립할 수 있는 나이가 되었다. 더더욱 조지는 로렌스와 패어팩스 대령의 도움으로 측량사 활동을 통해 적지 않은 토지를 구입하고 있었다. 말하자면 경제적으로 이제 조지는 상당한 재산을 소유하고 있었다. 그럼에도 어머니는 아들의 성공을 달갑게 여기지 않았다. 지금까지도 그랬듯이 어머니는 조지의 경제적, 군사적, 정치적, 그리고 사회적인 여러 활동을 그녀 자신이 아들로부터 받을 수 있는 관심을 막아버린다고 생각했다. 이런 어머니에 대해 조지는 결혼 후 단 한 번도 만나지 않았다. 총사령관이 되고 대통령이 되었을 때에도 조지는 어머니를 만나지 않았다. 심지어 1789년 초 83세로 어머니 매리 볼이 사망했을 때에 조지는 장례식에도 참석하지 않았다. 이는 아버지의 죽음과 교육기회의 박

로버트 딘위디

10) Fitzpatrick, ed., *The Writings of George Washington*, 1: p. 159.

탈에 이은 가장 친밀한 관계이어야 할 어머니로부터 받은 조지의 심리적 상처가 나무나 컸다는 것을 단적으로 말해주고 있다.

이복형 로렌스는 조지 워싱턴에게 일종의 도피처였다. 로렌스가 살고 있었던 마운트버넌과 벨보아는 그동안 조지가 애정결핍으로 입은 상처를 치유할 수 있는 공간이었다. 로렌스는 영국 애플바이 학교에서 경험했던 많은 흥미로운 이야기와 비록 직접 전투는 하지 않았지만 스페인과의 전쟁에 파견되었던 군인으로서의 생생한 경험을 어린 조지에게 자주 해주었다. 특히 로렌스의 여러 이야기 중 "만약 남자가 죽는다면 전투에서 적과 싸우다 죽는 것이야말로 최고로 명예로운 일"[11]이라고 한 말은 조지의 마음을 송두리째 흔들어 놓았다.

[11] Rejai and Phillips, "The Young Washington: An Interpretive Essay," p. 169.

아버지의 사망으로 로렌스는 장자의 위상으로 워싱턴 집안의 대부분의 재산을 유산 받았다. 아주 독립적이고 자립능력이 강했던 로렌스는 버지니아에서 상류사회로 진입하기를 원했다. 그는 마운트버넌을 이웃하고 있는 벨보아의 주인인 패어팩스 대령을 주목했고 얼마 있지 않아 대령의 딸과 결혼했다. 대령의 딸 앤은 결혼지참금으로 4,000에이커의 토지를 가지고 왔다. 뿐만 아니라 그녀는 패어팩스 가문이 가지고 있는 명성과 막강한 힘과 영향력을 가지고 왔다. 단번에 로렌스는 버지니아 상류사회로 진입하는 한 지류인 대농장주가 되었을 뿐만 아니라 성공의 길로 인도하는 또 다른 두 가지를 동시에 획득했다. 그는 장인의 주선으로 버지니아 하원의원과 버지니아 민병대 부관이 되었다.

벨보아 말을 타고 있는 워싱턴과 패어팩스 대령. 대령은 활동적이고 적극적인 워싱턴을 무척이나 좋아했다

그동안 로렌스는 마운트버넌을 재건축했지만 자신의 처갓집인 벨보아에 비하면 아무것도 아니었다. 조지가 마운트버넌을 가면 이웃한 벨보아에 자연적으로 방문할 기회가 주어졌다. 벨보아는 조지 워싱턴이 지금까지 보고 들은 세

계와는 완전히 다른 곳이었다. 그곳은 지금까지 조지가 받은 상처를 치유해 주고 보상해 줄 수 있는 모든 것이 존재했다. 벨보아에는 18세기 식민지 버지니아 지역사회를 움직일 수 있는 강한 힘과 영향력이 있었다. 여기에는 세련됨과 교양과 부가 있었다. 또한 상류사회가 풍기는 분위기가 있었고 세계의 신비한 지식이 존재했다. 조지에게 이곳은 꿈과 같은 곳이었다.[12] 그리고 이곳의 주인이나 다름없는 형 로렌스는 이미 조지의 영웅이 되어 있었다. 부모의 사랑이 절대적으로 부족했던 조지는 찾지 못한 "역할 모델"을 형에게서 찾았다. 로렌스는 조지의 "멘토"이자 "아버지 대리"였다. 이제 조지는 "로렌스를 모방"함으로써 애정결핍에 찌든 자신을 보상하고자 했다.[13]

[12] Ferling, *The First of Men: A Life of George Washington*, p. 10.

[13] Rejai and Phillips, "The Young Washington: An Interpretive Essay," p. 169.

이런 형이 결핵에 걸려 1752년 7월 34세의 젊은 나이에 갑자기 사망했다. 조지 워싱턴은 형과 함께 버뮤다 지역으로 질병치료를 다녀오기도 했다. 하지만 그토록 믿고 의지했던 형이 갑자기 자기 곁을 떠났다. 조지는 다시 한 번 외로움 속에서 애정결핍을 느꼈다. 하지만 이제 20세가 된 조지는 아버지가 죽고 어머니의 반대가 심해서 무엇을 개척하지 못할 그런 나이가 아니었다. 이제 조지는 형이 걸어간 성공의 길―부와 사회적 신분과 평판 등을 얻기 위해 대농장주, 군인, 정치가, 교구위원 등의 사회적 지위―

을 모방하기 시작했다.

형의 죽음은 조지 워싱턴에게 큰 영향을 주었던 패어팩스 가문과의 연결고리가 떨어지는 의미도 있었다. 하지만 조지와 로렌스 사이에는 그동안 깊은 우정을 유지해온 형의 처남 조지 윌리엄 패어팩스(George William Fairfax)가 있었다. 조지 윌리엄 패어팩스는 형보다 7세가 적었지만 세 사람은 함께 모험을 즐기며 우정을 나누었다. 조지는 형이상으로 조지 윌리엄을 따랐다. 윌리엄 패어팩스 대령의 아들인 조지 윌리엄은 형과 같이 영국에서 교육을 받았으며 세련되고 섬세하며 상류사회의 기풍과 태도를 가진 버지니아 하원의원이었다.

1748년에 조지 윌리엄이 역시 버지니아 귀족으로 대령인 윌슨 게리(Wilson Gary)의 딸인 18세의 사라 게리(Sarah Gary)와 결혼을 했다. 이제 16세가 된 조지 워싱턴의 눈에 18세의 사라는 (그녀의 위치가 어떠하건) 아름다운 여인 그 자체였다. 조지는 그녀를 보자마자 (비록 짝사랑에 지나지 않았지만)사랑에 빠졌고 일생동안 그녀에 대한 결코 채울 수 없는 일종의 감정적 쇼크를 겪었다. 조지는 사라를 바라볼 때마다 추파를 던지고 일종의 교태를 부렸다. 하지만 그녀는 무반응이었다. 그럼에도 조지는 초지일관이었다. 형이 죽고 자신이 프랑스 인디언 동맹전쟁에 참가하면서도 조지는 사라에게 편지를 보냈고 그녀로부터 반응이 오기를 간절히 원했다. 심지어 1758년 9월 12일 조지가 마사 커스티스(Martha Custis)와 약혼을 한지 4달이 지난 날짜와 이듬해 1월 6일 마사와 결혼을 하기 하루 전에도 조지는 사라에게 사랑의 편지를 보냈다.

>나는 열렬한 사랑의 헌신자입니다. 당신은 나를 끌어당겼습니다. 사랑하는 부인, 나는 나 자신이 너무나 단순한 사실에 솔직한 고백을 하지 않을 수가 없습니다. 나의 진정한 의미를 오해하지 말아주십시오. 그것은 너무나 명백하고 의심할 여지가 없습니다. 이 세상은 내 사랑의 대상을 알지 못합니다. 나는 그것을 비밀로 하기를 원하지만 당신에게만큼은 감출 수가 없습니다.[14]

14) Fitzpatrick, ed., *The Writings of George Washington*, 2: pp. 287~289.

그동안 무반응으로 일관했던 사라가 드디어 답장을 보내왔다. 현재 그녀가 보낸 답장은 그 어디에서도 찾아 볼 수 없지만 9월 25일 조지 워싱턴이 다시 그녀에게 보낸 편지를 보면 그녀가 답장을 보냈음을 확인할 수 있다.

>사랑하는 부인, 우리는 아직도 서로의 편지에 대해 진정한 의미를 오해하고 있는 것 같지 않습니까? 나는 분명 그렇다고 생각합니다.……그러나 나는 더 이상 말하고 싶

지 않습니다. 그리고 이제 평온한 안정을 위해 당신을 떠나고자 합니다.15)

15) Fitzpatrick, ed., *The Writings of George Washington*, 2: pp. 292~294.

조지 워싱턴은 결혼 후에도 사라에 대한 마음을 완전히 정리하지 못하고 감추었다. 아마도 감추었다는 말이 적합할 것 같다. 조지는 결혼 후 혁명전쟁이 일어나기까지는 물론 두 번에 걸친 대통령직을 마친 후에도 사라에 대한 사랑과 그리운 마음을 가지고 있었다. 영국정부의 식민지에 대한 중상주의 정책이 강화되어 관계가 악화되고 있었던 1770년대 초에 사라가 많이 아팠다. 담당 의사의 진단은 유럽에서만 치료가 가능하다는 것이었고 결국 1773년에 조지 윌리엄 패어팩스와 사라는 런던으로 가버렸다. 전쟁이 일어나고 패어팩스 가문은 영국국왕에게 충성맹세를 하고 다시는 식민지(미국)로 돌아오지 않았다. 세월이 많이 흘러 사라의 남편이 죽은지 11년이 지나고 자신이 죽기 1년 반 전인 1798년 5월 16일에 조지는 그녀에게 다시 한 번 사랑의 편지를 보냈다.

그동안 너무나 많은 중요한 일들이 일어났습니다. 너무나 많은 것들이 변했습니다. 사람도 그리고 세상도 말입니다. 하지만 그 어떤 것도 내 마음으로부터 아주 사라진 것은 아무것도 없습니다. 특히 행복했던 순간에 대한

생각들, 내 생애 있어 가장 행복했던 순간들, 바로 당신과 교제를 즐겼던 순간은 더욱 그렇습니다.[16]

16) Fitzpatrick, ed., *The Writings of George Washington*, 36: pp. 262~265.

조지 워싱턴의 생애에 있어 사라는 유일한 이성에 대한 연인이었다. 사실상 조지는 사라 이외에 다른 여자와는 감정적인 애정관계를 발전시키지 않았다. 심지어 자신의 결혼까지도 조지는 철저한 타산과 정략에 입각했다. 비록 사라와의 관계는 유년시절에 겪은 그런 종류의 애정결핍은 아니었지만 그녀는 조지에게 더 이상 감정적인 애착을 발전시킬 수 없는 하나의 좌절로 작용한 것으로 보여 진다.

부모로부터 진심어린 사랑과 관심을 받지 못했던 조지 워싱턴은 성장하면서 자신의 존재가치를 인정해 주는 이복형 로렌스를 자연적으로 따랐다. 조지는 로렌스를 모방하면서 또 한 번의 좌절을 경험했다. 그것은 조지가 버지니아 군의 부관참모로 명예와 권위를 가지고 있었던 로렌스를 따라 군인으로 성공하기 위해 군에 입대하면서 생겨났다. 이미 측량기사로 일정한 돈을 벌고 약간의 토지를 구입하기는 했지만 조지는 형과 같은 명예와 권위, 그리고 평판을 얻는 가장 빠른 길은 군에 입대하여 승진하는 것이라 생각했다. 그래서 조지는 20세가 되면서 군인이 되는 것에 몰두했다. 그것도 조지는 형이 결코 달성하지 못했던 군대에서의 높은 지위를 목표로 삼았다. 바로 버지니아 지역 민병대 부관참모직을 넘어 영국정부심의회(a royal commission)로부터 영국정규군의 신분을 인정받는 것이었다. 영국정규군의 장교가 된다는 것은 18세기 아메리카 식민지사회에서 최고의 성공을 의미했다.

형과 형의 장인 패어팩스 대령의 도움으로 조지 워싱턴은 1752년 버지니아 군에 입대했다. 승진을 통해 자신의 목표를 달성하기를 원했던 조지는 버지니아 총독 딘위디의 전령으로 임무를 완수하고 또 프랑스 인디언 동맹전쟁에서 헌신적이고 희생적인 노력에도 불구하고 영국정부심의회로부터 인정을 받지 못하였다. 오히려 조지는 자신보다 계급이 낮은 영국정규군 대위인 제임스 맥케이(James Mackay)가 자신을 명령하고 통제하는 수모를 당했다. 당시 영국법은 "영국정부심의회로부터 인정을 받지 못한 그 어떤 식민지 출신 장교도 영국정규군 소속 장교보다 지

전령 워싱턴

위가 높지 못하다"고 규정하고 있었다.17) 아무리 군인으로 성공하고 싶었지만 계급이 낮은 장교에게 복종하는 것을 조지는 결코 인정할 수 없었다. 사실상 이때까지만 해도 조지 워싱턴은 단 한 번도 자신이 영국시민이 아니라고는 생각하지 않았다. 조지는 딘위디에게 "맥케이의 행동은 자신의 부하들을 통제하고 버지니아 연대를 운영하는데 방해가 된다"는 편지를 보내 항의했다.18) 결국 딘위디의 조치로 맥케이는 조지의 부대와 따로 떨어져 캠프를 운영함으로써 잠정적으로 문제는 해결되었다.

17) W.W.Abbot et al., eds. *The Papers of George Washington: Colonial Series*, 10 vols., Charlottesville: University Press of Virginia, 1983~1995, 1: p. 77. 으로 취급했다.

18) George Washington to Dinwiddie, June 10, 1754. 로 취급했다.

그러나 군인으로 성공가도를 가고자 했던 조지 워싱턴을 더욱 좌절시키는 일이 일어났다. 그것은 프랑스 인디언 동맹전쟁 초기 전투에서 영국이 패배하고 난 후 영국정부가 그 책임을 버지니아 군과 조지 워싱턴에게 전가하면서 발생했다. 버지니아 총독 딘위디는 식민지인들의 생각과 달리 "전투 패배의 원인은 조지의 무능과 성급함에 있다"19)고 주장하고 버지니아의 조지 워싱턴을 대신해 버지니아, 캐롤라이나, 뉴욕 등의 사람들로 식민지 군대를 다시 구성하여 책임자를 캐롤라이나 출신의 제임스 이너스(James Innes)로

19) 워싱턴은 1754년 3월에 프랑스군과의 전투를 통해 승리를 함으로써 영국정부로부터 인정을 받고자 하는 욕심과 성급함으로 소수의 인원으로 전선에 뛰어들었다. 초기에 15명의 프랑스군 전초부대를 괴멸시켰으나 뒤이어 온 프랑스 본대에게 철저하게 패배했다. 하지만 이때 워싱턴은 지난 초기 전투에서 외교업무를 하고 있는 프랑스군을 죽였다는 사실과 영국이 프랑스 영토를 침범했다는 사실을 기록한 프랑스군이 제시한 문서에 부지불식간에 서명함으로써 영국의 명예를 실추시키는 일이 발생했다. 이를 두고 영국정부는 워싱턴을 비판했지만 버지니아인들은 달리 생각하여 그를 영웅으로 취급했다.

임명했다. 또한 핵심장교들도 조지의 부하들을 배척하고 퇴역한 민병대 장교들로 채웠다. 이어 영국정부는 식민지군 총사령관으로 메릴랜드 주 총독 호레이쇼 샤프(Horatio Sharpe)를 임명했다. 샤프는 조지를 결코 만난 적이 없었지만 그럼에도 그는 조지와 그가 이끄는 버지니아 군에 대해 아주 부정적이었다. 이에 조지는 샤프를 만나 자신과 버지니아 군대를 변호하고자 했지만 매번 거절당했다. 만나주기는커녕 샤프는 오히려 조지를 절망하게 만드는 조치를 내렸다. 그는 버지니아 연대를 여러 중대로 나누어 버렸고 식민지군에는 그 누구도 대위 이상의 계급을 가지지 못하도록 규정했다. 이 조치는 바로 버지니아 군대에서 조지를 제거하고자 하는 의도에서 나온 것이었다. 당시는 자신을 도와줄 형도 없었다. 비록 패어팩스 대령이 있기는 했지만 영국정부에서 내린 조치를 그도 어찌할 수가 없었다. 결국 이 조치에 조지는 치욕적인 강등에 굴복하느니 스스로 군대를 제대하는 길을 선택했다. 그야말로 군인으로 명예와 영광을 얻고자 했던 그의 노력은 자신의 말대로 "하나의 누더기"가 되어버렸다.[20] 어쩔 수 없이 군대를 떠나면서 조지는 쓰라린 마음을 감출 수가 없었다. 그는 한 친구에게 "나는 그동안 추구해온 나의 사명을 잃었다"고 한탄했다.[21]

[20] Abbot et al., eds. *The Papers of George Washington*, 1: p. 182 ; Edward G. Lengel, *General George Washington: A Military Life*, New York: Random House Trade Paperbacks, 2007, p. 49.

[21] George Washington to William Fitzhugh, November 15, 1754.

프랑스 인디언 동맹전쟁에서 지휘하는 워싱턴

조지 워싱턴이 군을 떠난 이유는 군인의 신분이 싫어서가 아니라 어디까지나 명예를 지키기 위해서였다. 조지 스스로 몇몇 지인들에게 "나는 내가 좋아하는 군대생활을 계속하고 싶다"고 애써 말했다.[22] 그래서 조지가 군을 떠나 있는 기간은 길지 않았다. 프랑스 인디언 동맹전쟁이 심화되자 영국정부는 오하이오 지역에서 프랑스군과 인디언을 축출하기 위해 역전의 용사 에

22) George Washington to Robinson, October 23, 1754 ; George Washington to Fitzhugh, November 15, 1754.

드워드 브레독(Edward Braddock)을 파견했다. 소식을 접한 조지는 하루빨리 군대로 복귀하고 영국정부심의회로부터 영국정규군으로 인정받고자 샤프 총독을 무시하고 브레독 장군에게 줄을 넣었다. 이에 브레독은 이 식민지 청년이 누구보다도 프론티어에서 많은 경험을 가지고 있기 때문에 상당한 효용 가치가 있다는 것을 알고서 조지에게 대위 계급(브레독은 대위까지 임명권을 행사할 수 있었다)을 제시했다.

아무리 군인으로 성공하고 싶어도 조지는 이를 쉽게 받아드릴 수 없었다. 그래도 그는 포기하지 않았다. 그는 브레독 장군의 계급이 없는 보좌관으로 전투에 참가하기로 했다. 브레독은 전투에서 승리할 경우 영국정부심의회의 인정은 물론 진급도 우선순위로 해주겠다고 약속했다. 이에 조지는 이전보다 더욱 적극적으로 군대 생활에 임했다. 그는 브레독에게 "식민지의 전투는 유럽전투와 다른 전투방법을 사용해야 하며, 프랑스가 인디언들과 동맹할 가능성이 있고, 붉은 색의 군복은 적군에게 쉽게 눈에 발각될 염려도 있으며, 나아가 전투에서 유럽식의 군대운영과 보급로의 긴 행로는 식민지 전투에서 적합하지 않으므로 신중을 기해야 한다"고 건의했다.[23] 하지만 브레독은 이를 무시하고 유럽의 방식을 고집했다.

23) John Ferling, *The Ascent of George Washington: The Hidden Political Genius of an American Icon*, New York: Bloombury Press, 2009, p. 28.

결국 1755년 7월 브레독이 이끄는 군대는 프랑스와 인디언들에게 기습을 당하여 철저하게 패배했다. 전투에서 브레독은 사망했으며 무려 967명의 사상자가 발생했다.

붉은색 군복을 입은 영국군들이 행진하는 모습

문제는 조지 워싱턴에 대해 이 전투의 결과를 가지고 영국정부와 식민지인들이 서로 다른 해석을 하면서 발생했다. 사실 조지는 전투를 하기에 앞서 브레독에게 전투방식을 바꿀 것을 건의했고 적의 쉴 새 없는 공격에도 불구하고 브레독의 시신을 수습하고 남은 영국군을 재정비하여 안전하게 후퇴시켰다. 식민지인들은 이러한 조지의 용기에 찬사를 아끼지 않았다. 하지만 영국인들과 딘위디 총독은 패전의 원인은 "조지와 식민지인들이 적극적인 협조를 하지 않은 탓"이라고 주장했다.[24]

이에 조지는 딘위디 총독과 영국인들에게 화가 났지만 영국정부심의회의 인정을 받을 욕심에 강한 어필을 하지 않았다. 하지만 브레독 장군이 죽고 없는 상황에서 조지가 이끄는 버지니아 연대는 다시 딘위디 총독의 지시를 받아야만 했다. 얼마의 휴식을 취한 후 조지는 다시 프론티어로 투입되었다. 하지만 곧바로 조지를 또 다시 좌절시키는 일이 발생했다. 메릴랜드 출신이지만 일찍이 영국정부심의회로부터 인정을 받아 영국정규군이 된 존 댁워디(John Dagworthy)라는 대위가 그 어떤 버지니아군의 군인보다 높은 지위에 있다고 주장했다. 댁워디는 조지에게 명령을 했을 뿐만 아니라 조지가 전투가 없는 휴식기간에 애써 확보해 둔 보급품마저 강제로 빼앗았다.[25]

[24] Dinwiddie to George Washington, July 26, 1755 ; Philip Ludwell to George Washington, August 8, 1755 ; Warner Lewis to George Washington, August 9, 1755 ; Paul E. Kopperman, *Braddick at the Monongahela*, Pittsburgh: University of Pittsburgh Press, 2003, p. 130.

[25] Lengel, *General George Washington*, pp. 66~67. 댁워디의 행위에 대한 세부적인 내용을 설명하고 있다.

잠정적으로 장군으로 진급하기로 했던 조지 워싱턴은 극심한 모욕을 느꼈고 결국 그는 딘위디에게 이 문제를 토로했다. 다소 성가심을 느낀 딘위디는 식민지에서 새로운 영국 총사령관으로 임명된 매사추세츠 총독 윌리엄 셜리(William Shirley)에게 이 문제를 상의해 보도록 조치했다. 이에 조지는 보스턴으로 가서 셜리를 만나 식민지인들에 대한 영국인들의 불손한 행동을 시정해 줄 것과 자신의 꿈인 영국정부심의회의 인정을 요구했다. 하지만 이런 노력에도 불구하고 조지는 아무런 일도 성사시키지 못하였다. 댁워디 문제에 대해서 셜리 총독은 "댁워디는 영국 정규군이 아님"으로 판정하여 식민지에 관한 영국법을 위반하는 선례를 남기기 않았다.[26] 이는 비록 댁워디 문제는 해결했지만 앞으로도 얼마든지 낮은 계급의 영국군이 높은 계급의 식민지군을 무시할 수 있는 근거가 그대로 남아 있음을 의미했다. 그리고 총독 셜리는 조지의 개인적 꿈에 대해서는 대화거리로 만들지도 않았다.

26) Abbot et al., eds., *The Papers of George Washington*, 2: p. 324.

아무런 성과를 얻지 못한 조지 워싱턴은 다시 버지니아 프론티어로 돌아와 자신과 식민지인들에 대한 영국의 형편없는 대우와 영국군의 연이은 패배는 "딘위디 총독의 무능과 우유부단"에 그 원인이 있다고 주장했다. 이에 이번에는 딘위디도 반격했다. 그는 조지를 "무례하고 배은망덕한 사람"이라고 혹평했다. 그러던 중에 새롭게 영국군 총사령관으로 임명된 존 캠벨 로두운(John Campbell Loudoun) 경이 식민지에 도착했다. 이에 조지는 다시 한 번 용기를 가지고

"자신과 버지니아 군을 영국정규군으로 만들어 줄 것과 식민지에서의 전투방법을 유럽과 달리 새로운 전략을 채택해야 한다"는 내용의 편지를 보냈다. 조지가 그를 만나러 갔을 때 이 거만한 사람은 처음에 조지를 만나 주지도 않았다. 2주가 지난 후 겨우 만남이 이루어졌다. 하지만 로두운은 조지가 보낸 편지에 대해서는 아무런 언급이 없었을 뿐만 아니라 일방적으로 자신의 말만 하고 등을 돌려버렸다. 그는 버지니아 연대를 7개 중대로 나누어 하나는 사우스캐롤라이나로 보내고 나머지는 버지니아 프로티어로 분산배치 하라고 명령했다. 조지는 로두운을 방문한 본래의 목적은 말조차 꺼내지 못했다. 그는 타오르는 분노와 모욕감을 느끼면서 버지니아로 돌아와야만 했다.[27]

군인으로 성공하겠다는 조지 워싱턴은 깊은 좌절감에 빠졌다. 그러던 중 새롭게 임명된 영국 외무장관 윌리엄 피터(William Pitt)는 유럽에서의 7년 전쟁과 아메리카 식민지에서 프랑스 인디언 동맹전쟁에서 승리를 하기위한 특단의 조치를 취했다. 소위 '피트 체제(Pitt's System)'가 그것이다.[28] 피트에 의해 영국 장군 존 포비스(John Forbes)가 파견되었다. 좌절 속에서도 조지는 마지막 희망을 가지고 포비스에게 다시 한 번 자신의 요구를 부탁

27) Abbot et al., eds., *The Papers of George Washington*, 4: pp. 120-121.

28) 피트체제는 3가지 전략으로 요약된다. 첫째, 프로이센에게 대량의 자금을 대주어 유럽에서 프랑스를 견제한다. 둘째, 영국해군으로 하여금 프랑스 해군을 파괴하여 해외 프랑스군의 보급로를 차단하다. 셋째, 잘 훈련된 영국군을 식민지에 파견하여 프랑스군을 공격한다.

했다. 그러나 포비스 장군은 매사에 영국인하고 부딪치는 식민지 청년 조지 워싱턴이 몹시도 의심스러웠다.[29]

29) Lengel, *General George Washington*, 74 ; Abbot et al., eds., *The Papers of George Washington*, 6: p. 24.

아메리카 식민지에서 새로운 전투방법을 두고 포비스와 조지가 갈등하던 중에 이상한 일이 일어났다. 포비스는 제대로 된 전투를 한 번도 하지도 않고도 그의 소귀의 목적인 프랑스군을 오하이오 지역에서 축출하는 일을 이루었다. 이런 상황에서 조지의 주장은 포비스에게 전혀 고려의 대상이 되지 않았다. 피터체제에 의해 오하이오 지역에 있는 프랑스군은 보급로가 차단되어 더 이상 아메리카 식민지에서 버티지 못하고 북쪽 캐나다로 철수해 버렸다. 더불어 인디언들도 더 이상 보급품을 대지 못하는 프랑스 편에 서지 않았다.

결국 조지 워싱턴은 로렌스 형이 달성하지 못한 영국 정규군이 되어 군인으로 명예와 권위를 누리고자 4년 이상을 노력 했지만 이를 이루지 못했다. 조지는 군 생활 역시 사실상 성공적이지도 못했다. 그는 브레독 장군과 함께한 전투에서의 패배는 물론 프론티어에서 인디언과 동맹한 프랑스군을 제대로 방어하지도 못했다. 무엇보다 궁극적인 목표인 오하이오 지역의 프랑스 군의 축출은 자신의 계획과는 전혀 다르게 달성되었다. 조지는 이때의 심정을 여러 친구들에게 한탄하는 편지를 썼다.

모든 것을 실패 했어! 하늘이 모든 것을 버렸어! 우리 일은 완전히 망가졌어! 버지니아의 이익을 위한 우리의 노력은 간계한 이웃의 희생자가 되어 버렸어![30]

그토록 군인으로 성공하고자 했던 조지 워싱턴은 26세의 나이에 버지니아 사령관직을 사임하고 마운트버넌으로 돌아왔다. 그래서 조지의 군대생활은 그가 유년시절 겪었던 애정결핍과 같은 것은 아니지만 그에게 또 하나의 좌절로 작용하여 부족함을 온 몸으로 느끼게 했다. 군인으로 성공하겠다는 기대가 컸던 만큼 실망이 컸던 것이다. 하지만 실수투성이의 그의 군대생활은 후에 독립전쟁 당시 최고의 길잡이로 작용했다.[31]

유년시절 아버지의 사랑과 관심부족, 어머니의 이기심, 교육의 기회박탈, 장자로서 누릴 수 있는 자격이 없음, 멘토이자 역할모델이자 아버지의 대리인 형 로렌스의 죽음, 더 이상 진전시키지 못한 이웃집 친구의 아내에 대한 일방적인 사랑, 그리고 간절히 원했던 군인으로서의 성공적 삶의 좌절. 이 모든 것이 조지 워싱턴으로 하여금 심리적 결핍을 느끼게 했다. 그리고 그는 철저하게 자기 주도적으로 이를 극복하여 때에 따른 적합한 방법으로 자기보상의 길을 개척해 갔다.

> [30] George Washington to Francis Halkett, August 2, 1758 ; George Washington to John Robinson, September 1, 1758 ; George Washington to Francis Fauquier, August 5, 1758.

> [31] 조지 워싱턴은 프랑스 인디언 동맹전쟁에서 영국군으로부터 많은 것을 배웠다. 유럽식의 전투가 식민지에서는 적합하지 않다는 사실을 비롯하여 부대배치, 보급품, 훈련방법, 기강 등 군대에 관한 대부분을 배웠다. 특히 귀족들로 구성된 영국장교들의 성격, 태도 등에 대한 지식은 후에 독립전쟁에서 큰 도움이 되었다.

자기보상을 위한 조지의 몸부림

아버지의 무관심과 어머니의 냉랭함으로 애정결핍이라는 상처를 입은 어린 조지 워싱턴은 이를 치유해 줄 수 있는 사람을 간절히 원했다. 그 치유자는 가까운 곳에 있었다. 이복형 로렌스였다. 로렌스는 유년시절 조지의 유일한 위안이었다. 형이 들려주는 영국유학시절의 이야기나 군인으로서 경험한 이야기는 조지에게 하나의 복음과 같은 것이었다.

아버지가 죽고 계획했던 영국유학이 무산으로 끝난 암울한 현실에서 조지 워싱턴이 기댈 수 있는 유일한 사람은 형 로렌스뿐이었다. 조지가 11세가 되었을 당시 형은 아버지의 재산을 물려받고 버지니아 명문가문인 벨보아의 패어팩스 가문의 사위가 됨으로써 지역에서 영향력 있는 농장주가 되었을 뿐만 아니라 군인으로 또 버지니아 주의원으로 명성을 날리고 있었다. 형의 처남 조지 윌리엄 패어팩스 역시 버지니아 주의원으로 조지의 선망의 대상이 되어 있었다. 마운트버넌과 벨보아에서 조지는 로렌스와 조지 윌리엄을 관찰하고 자신도 언젠가 그들처럼 되기를 원했다.

스스로 서투르고 어색하고 세련됨이 부족함을 느낀 조지는 형들을 모방함으로써 자신의 부족함을 극복하고자 했다. 로렌스는 물론 조지 윌리엄 역시 고분고분하고 자신을 잘 따르며 무엇인가를 간절히 배우고자 하는 조지를 무척이나 아끼고 사랑했다.

로렌스와 조지 윌리엄 이상으로 조지 워싱턴에게 최고의 멘토와 역할모델이 되어 준 사람은 바로 형 로렌스의 장인인 윌리엄 패어팩스 대령이었다. 사실 조지는 형 로렌스를 대리 아버지로 생각했고 그 다음을 패어팩스 대령으로 생각했다. 매우 활동적이고 강한 외향적인 성격의 패어팩스 대령은 자신과 달리 상당히 과묵하고 수동적인 자신의 아들 조지 윌리엄에게서 적지 않은 실망을 하고 있었다. 이런 때에 그는 자신이 좋아하는 성격이자 심지어 많은 점에서 자신을 닮은 조지 워싱턴을 만났다. 조지는 강하고 활동적이었다. 그는 어린 10대였지만 말을 잘 다루었고 강한 호기심을 가지고 지적이고 야심적이었다. 패어팩스 대령은 이런 조지를 자기 아들 이상으로 좋아했고 돌봐주었다.

교육기회가 박탈되고 장자로서의 누릴 수 있는 특권이 없는 상황에서 조지 워싱턴은 이들 세 사람을 멘토이자 성공모델로 삼았다. 조지는 그들과 같이 자신도 부와 지위와 명성을 얻기를 원했다. 그들과 같이 자신도 세련되고 화려한 복장을 갖추기를 원했다. 그들과 같이 자신도 강한 영향력과 주위 사람들로부터의 존경과 관심을 받기를 원했다.

그들처럼 자신도 성공하기를 원했다. 그래서 조지는 끊임없이 관찰하고 독학을 함으로써 자신의 멘토를 배워갔다. 조지는 조용히 그들을 지켜보면서 듣고 그들을 따라했다. 이를 두고 조지 워싱턴의 전기 작가인 존 페어링(John Ferling)은 다음과 같이 쓰고 있다.

> 사춘기를 통해 조지 워싱턴은 일종의 변태(metamorphosis)를 겪었다. 미숙한 어린애로부터 너무나 자연스럽고 편안하게 대농장주의 생활에 동참할 수 있고 상당한 영향력을 행사하는 사람들과 자연스럽게 접촉할 수 있는 세련된 청년으로 변태를 했다.32)

32) John Ferling, *The Ascent of George Washington: The Hidden Political Genius of an American Icon*, p. 11.

유년시절 조지 워싱턴은 이복형들(로렌스와 로렌스의 동생 어거스틴)만큼은 적극적이지는 않았지만 아버지의 배려로 읽고, 쓰고, 셈하는 정도의 기초교육을 받았다. 일시적으로 프레드릭스버거의 성공회 목사가 운영하는 소규모 초등학교에 등록했으나 대부분의 조지의 교육은 가정교사에 의해 이루어졌다. 처음부터 조지는 라틴어와 다른 언어에 대해서는 몹시도 어려워했다. 그 대신 그는 수학, 기하학, 삼각법 같은 과목을 유달리 좋아했다. 이는 후에 그가 측량사로서 일을 하는데 결정적인 영향을 주게 된다. 조지가 받은 공식적인 교육은 이것이 전부였다. 11세가 되던 해에 아버지가 죽고 유학계획이 취소되면서 조지는 더 이상 공식적인 교육을 받지 못했다.

공식적인 교육기회가 없어진 상황에서 닥쳐온 공허함을 메우기 위해 조지 워싱턴이 선택한 방법은 자기개발을 위한 독서를 통한 독학이었다. 그래서 조지의 독서습관은 어릴 때부터 형성되었다. 사업에 너무나 바쁜 아버지는 조지에게 책과 가정교사를 제공해주었다. 조지는 시, 역사, 정치 등 다양한 분야에서 많은 독서를 했지만 선천적으로 매우 활동적인 성격을 타고난 그는 독서 그 자체를 즐기지는 않았다. 그의 독서의 대부분은 지극히 실용적이었다. 전기작가 페어링은 조지의 독서에 대해 "자기개발과 성공을 위한 하나의 수단"으로 보고 있다.33) 아버지가 죽고 홀로 남게 되었을 때 조지의 이러한 독서경향은 더욱 그러했다.

언제나 아버지의 대역으로 멘토이자 역할모델이었던 로렌스의 조언에 따라 조지 워싱턴은 독서의 지평을 넓혀갔다. 이때 그가 읽은 여러 책들 중 평생을 두고 그에게 영향을 준 책들이 있다. 세네카(Seneca)34)의 『도덕론(Morals)』과 조셉 에디슨(Joseph Addison)의 18세기 초기 드라마 작품인 『카토(Cato)』가 대표된다. 전자는 1세기 최고의 로마

33) Ferling, *The First of Men: A Life of George Washington*, p. 6.

34) 세네카는 1세기 고대 로마의 스토아학파 철학자로 황제 네로의 가정교사로 있다가 로마 집정관으로 성공했다. 그는 자신이 교육한 네로의 폭정이 심해지자 스스로 은퇴하여 저술에 전념했다. 그러나 65년 네로로부터 역모를 꾸몄다는 의심을 받아 자살했다. 그는 네로의 폭정에 몹시도 슬퍼했다. 그의 말 중 '가벼운 슬픔은 수다스럽지만, 큰 슬픔은 벙어리가 된다'는 말은 너무나 유명하다.

철학자인 세네카가 쓴 도덕적 행위에 관한 산문집으로 여기에서 세네카는 희생(sacrifice), 끈기(tenacity), 용기(courage), 절제(restraint), 그리고 감정통제 등의 가치를 강조했다. 후자는 로마 공화정 말기 시저(Caesar)가 공화정을 전복시킨 것을 저항하여 자살을 선택한 양심적 공화주의자인 카토에 대한 드라마 작품으로 여기에서 에디슨은 '성공이란 자기 나라에 대한 헌신과 봉사'로 해석하였고 누구든지 성공을 위해 성실해야한다는 점을 강조했다. 당시 조지는 라틴어를 잘 몰랐기 때문에 영어 번역판을 읽었다. 그 외에 조지는 『프로이센의 프리드리히 대제의 전기(A Biography of Frederick the Great)』와 당시 기준으로 베스트셀러가 되었던 잡지 『구경꾼(Spectator)』을 정독했다.35)

35) 『방관자』는 1711~1712년에 영국의 Joseph Addison과 Richard Steele가 발간된 시사 일간지를 편집한 책으로 정치적으로 중립을 표방했지만 자유, 도덕 등을 강조하는 휘그당의 철학에 가까운 글을 주로 실었다.

조지 워싱턴이 읽은 여러 책들 중 가장 강하고 오랫동안 영향력을 미친 것은 런던에서 발행된 잡지에서 발췌한 『사교와 토론에서 갖추어야 할 행위규범(Rules of Civility and Decent Behavior in Company and Conversation)』이다. 이것은 성직자 이그나티우스 로욜라(Ignatius Loyola)가 1550년경에 이태리와 프랑스의 상류층 젊은이들을 교육하기 위해 110가지 규범을 편집한 책이다. 조지는 이 책을 수백 번 읽었을 뿐만 아니라 심지어 110가지 규범 모두를 하나하나 꼼꼼히 옮겨 적어 두고 실천에 옮겼다.36) 역사가들은 이 책을 통해 조지 워싱턴이 마운트버넌과 벨보아에서의 생활규범을 익혔으며 나아가 그가 군인, 대농장주, 독립군 총사령관, 그리고 대통령으로 생활하는 규범으로 삼았다고 보았다.37)

독학을 통한 자기보상의 길에서 조지 워싱턴이 선택한 것은 지극히 실용적이었다. 인구가 증가하는 개척시대의 버지니아는 토지를 측량하는 기술이 절실히 필요했다. 당시 대부분의 측량사는 직조업과 제혁업자들에 비해 두 배 이상의 소득을 올렸다. 돈이 귀했던 시대에 측량사들은 종종 그 대가를 토지로 받는 경우가 많았다. 이것은 일정기간이 지나고 나면 상당한 부로 변하기도 했다. 당시 측량술은 성공으로 가는 빠른 길은 아니었지만 그럼에도 이는 지역에서 상당한 재산과 영향력을 행사할 수 있는 직업이었다.

조지 워싱턴은 지체 없이 측량기술을 배웠다. 조지가 측량술을 배우기 시작한 것은 15세가 되면서부터였는데 이때는 그가 형 로렌스와 형의 장인 패어팩스 대령이 추천해 준 해군입대가 어머니의 반대로 좌절된 직후였다. 조지가 측량술을 배운 것에 대해 그 어디에도 로렌스를 비롯한 그

36) 이 규범은 워싱턴을 연구하는 여러 서적에 첨부되어 있다. 여기서는 James C. Rees, *George Washington's Leadership Lessons*, New Jersey: John Wiley and Sons, Inc., 2007, pp.111~143을 참고하였다.

37) Richard Brookheiser, *Founding Father, Rediscovering George Washington*, New York: Simon and Schuster Inc., 1996, p. 128, 여러 규범 중 일생을 통해 조지가 중요하게 생각하고 실천한 몇몇 특별한 규범이 있다. 규범 45와 105는 손님이 있는 중에는 절대로 화를 내지 마라. 규범 23은 범죄자에게도 동정심을 보내라. 규범 36은 낮은 계층의 사람에게도 예의를 갖추고 대하라. 규범 44는 사람들이 할 수 있는 대로 최선을 다했다면 그가 비록 맡은 바 임무를 완수하지 못했더라도 그를 비난하지 마라. 특히 규범 44는 존 제이(John Jay)가 영국과 조약 후 만족할만한 조약내용을 가지고 오지 못했음에도 조지 워싱턴은 그를 비난하지 않은 대표적인 실천사례이다.

의 멘토들이 도움을 주었다는 말은 없지만 측량술 역시 형과 형의 장인 등의 적극적인 추천이 있었던 것이 분명하다. 왜냐하면 조지가 독학으로 공부한 측량술에 관한 책인 『젊은이의 친구(The Young Man's Companion)』를 형이 구해주었기 때문이다. 또한 조지는 독학을 하면서 어려운 문제에 대해서 패어팩스 집안에 고용된 측량사들로부터 자유롭게 개인교습을 받았기 때문이다. 나아가 조지는 16세가 되면서 패어팩스 대령이 포토맥강 하류를 따라 펼쳐져 있는 황무지를 측량하기 위해 고용한 측량 팀에서 실제훈련을 할 수가 있었다. 조지는 이듬해에 연봉 15파운드를 받기로 하고 버지니아 쿨페퍼 카운티 지역의 정식 측량사가 되었다. 이 일은 돈을 많이 받고 적게 받고를 떠나서 비로소 조지 워싱턴이 결코 친근하게 지낼 수 없었던 어머니로부터 독립을 할 수 있음을 의미했다.

사실 식민지 시대 버지니아 지역의 정식 측량사가 된다는 것은 누구든지 오랜 도제기간과 상당한 현장경험을 거친 다음에 주어지는 것이었다. 하지만 조지 워싱턴에게는 이런 것이 필요 없었다. 그래서 존 페어링은 "강한 힘을 가진 후원자들인 로렌스와 패어팩스 대령이 조지에게 필요한 줄을 대주지 않았다면 어린 조지는 결코 그리 쉽게 측량사가 되지 못했을 것이다"고 쓰고 있다.[38] 그 후 조지 워싱턴은 4년여에 걸쳐 약 15회에 달하는 토지측량을 했고 이 직업으로부터 적지 않은 돈을 모와 토지를 사두었다. 조지는 때로는 책임자로 때로는 측량 팀에 소속되어 오하이오로 불리는 방대한 지역을 측량했다.39)

38) Ferling, *The Ascent of George Washington: The Hidden Political Genius of an American Icon*, p. 13.

39) 대부분의 오하이오 지역은 총독은 물론 패어팩스 가문의 사람들, 이복형들, 그리고 다른 여러 부자들이 중심이 된 버지니아에서 영향력을 행사하고 있는 사람들이 만든 '오하이오 회사'의 땅이었다.

마운트버넌

조지 워싱턴이 측량사 일을 통해 추구한 궁극적인 목표는 버지니아의 농장주로 성공하는 것이었다. 영향력 있는 농장주가 되는 것은 조지가 선택한 명백하고 실제적인 보상의 길 중 하나였다. 식민지 시대에 많은 토지를 구입하여 그 땅의 주인이 된다는 것은 사회적으로 최고의 성공을 의미했다. 조지 역시 토지구입에 열망했고 측량사 일을 통해 번 돈을 모와 토지에 투자했다. 1750년 조지가 18세가 되었을 때 약 1,500에이커를 구입했으며 20세가 되었을 때 이미 2,500에이커의 토지가 조지 이름으로 등록되어 있었다.

조지 워싱턴이 토지구입을 통한 농장주로 성공하고자 하는 열망은 그가 독립군 총사령관이 된 1775년까지 집요하게 계속되었다. 조지의 토지구입은 "단호하고(resolute), 집요했으며(relentless), 그리고 일종의 강박관념에 입각한(obsessive) 것"이었다.[40] 조지 워싱턴이 대농장주로 올라설 수 있게 된 첫 번째 경우는 이복형 로렌스의 죽음과 관련되어 있다. 1752년 병이 깊어지자 로렌스는 죽기 전에 아내 앤과 딸 사라(Sarah), 그리고 동생 조지를 불러놓고 마운트버넌에 대한 유산을 정리했다.

[40] Rejai and Phillips, "The Young Washington: An Interpretive Essay," p. 176.

> 마운트버넌은 아내 앤이 살아 있는 동안 그녀의 재산이다. 만약 그녀가 사망하면 그것은 딸 사라에게 유산된다. 그리고 조지가 앤과 사라를 돌보는 조건으로 조지 역시 마운트버넌을 관리할 수 있는 자격이 있다.[41]

[41] Rejai and Phillips, "The Young Washington: An Interpretive Essay," p. 175.

로렌스가 죽고 얼마 있지 않아 딸 사라도 죽었다. 2년 후에는 앤이 재혼을 하면서 그녀는 마운트버넌과 18명의 노예를 조지 워싱턴에게 영구적인 임대를 놓았다. 임대료는 연간 15,000파운드였다. 조지 워싱턴이 군대생활을 끝내고 고향 버지니아에서 농장주와 의원으로 생활하는 1761년에 앤마저 죽게 되자 마운트버넌은 조지의 소유가 되었다.

조지 워싱턴은 단순한 버지니아 식민지군이 아니라 영국 정부심의회의 승인을 받아 영국정규군으로 승진하여 명예와 찬사를 얻고자 했지만 영국인들로부터 아무 것도 얻지 못했다. 심지어 조지는 자신이 그토록 애쓴 버지니아 군까지 영국인들로부터 무시를 당하게 되자 군인으로서의 성공의 길을 포기해 버렸다.

군대를 제대하고 민간인 신분으로 돌아 온 조지는 군인으로서의 실망을 다른 곳에서 충족하고자 했다. 그는 부를 추구하여 사회적으로 명성을 얻는 방향으로 자신의 성공의 길을 정조준 했다. 그것은 그동안 조금씩 준비를 해 온 일이었다. 그것은 토지를 구입하여 농장주로서 명성을 얻는 것이었다.

아직 군대에 있을 때 영국인들로부터 실망한 조지는 자주 군영을 벗어나 고향 버지니아에서 머물곤 했다. 1757년 조지가 버지니아 윌리엄스버거 지역의 한 무도회에 참석했을 때 그는 당시 버지니아에서 가장 부유한 과부를 만났다. 마사 커스티스(Martha Custis)는 윌리엄스버거의 대농자인 화이트 하우스(the White House)[42]의 주인으로 약 17,000에이커의 토지, 250명의 노예, 10,000파운드의 현금과 유동자산을 소유하고 있었다. 비록 두 명의 아이(잭키(Jacky)와 팻시(Patsy))를 두었지만 26세의 마사는 충분히 아름다웠다. 하지만 조지가 마사에게 적극적인 관심을 가지고 접근한 것은 그녀가 여성으로서의 매력보다는 그녀가 가진 재산에 있었다는 것이 역사가들의 중론이다.[43] 조지와 결혼을 하면서 마사는 백여 명의 노예와 현금, 그리고 자신의 토지 중 6,000에이커를 남편이름으로 등기했다. 결혼은 조지에게 그가 그동안 겪었던 애정 결핍을 보상하기 위한 또 하나의 수단이라 할 수 있다. 당시 조지는 샐리 패어팩스에 대한 애정을 계속 유지하고 있었고 한편으로 마사의 두 아이에 대한 배려를 아끼지 않았다. 이내 두 사람은 결혼을 했고 마사의 그 많은 재산은 조지가 관리하게 되었다. 조지와 마사는 만족한 결혼생활을 유지했다. 하지만 두 사람은 사랑에 빠진(enamoured love) 관계가 아니라 일종의 우정(friendship)과 파트너십(partnership) 관계를 유지했다. 조지는 이루어질 수 없는 샐리와의 관계로부터 "사랑이란 이성으로 통제될 수 있는 것이다"고 믿었다.[44] 이유는 밝혀지지는 않았지만 워싱턴은 마사와의 사이는 물론 그 어떤 여자와의 관계에서

---

42) 후에 워싱턴이 대통령이 되고 수도를 포토맥강가 어느 지역으로 옮기고 그 지명을 초대 대통령 조지 워싱턴의 '워싱턴'으로 하기로 했다. 또한 대통령이 기거하며 집무를 보는 장소를 아내의 농장 이름인 '화이트 하우스'로 명명했다.

43) Paul Leicester Ford, *The True George Washington*, New York: IndyPublish, 2004, p. 84. 조지 워싱턴이 부자인 과부와 결혼을 한 것은 워싱턴 집안의 내력이기도 했다. 증조할 아버지 존은 자신보다 훨씬 집안이 좋고 부자인 메릴랜드주 농장주 딸과 결혼했고, 이복형 로렌스 역시 패어팩스 가문의 딸과 결혼해 신분상승을 이루었다.

44) Ford, *The True George Washington*, p. 84.

도 자식을 두지 않았다.

왼쪽: 워싱턴이 1759년 1월 6일 버지니아의 돈 많은 과부 마사와 결혼하는 모습, 오른쪽: 워싱턴은 마사와의 결혼을 통해 버지니아 상류사회로 올라갔다

조지 워싱턴은 결혼을 통해 버지니아 최고가는 토지 소유자가 되었지만 이에 만족하지 않았다. 버지니아 주의회 의원을 지내면서 조지의 토지소유욕은 더욱 강해졌다. 이제 그는 버지니아를 넘어 오하이오와 미시시피 지역의 땅까지 집착했다. 조지는 1754년 프랑스 인디언 동맹전쟁 때 버지니아 연대에 입대하여 군인으로 복무하는 조건으로 토지를 보상으로 주기로 한 버지니아 총독 딘위디와 영국 정부의 약속을 기억해 냈다. 당시 딘위디는 "군 입대를 장려하는 성명서(A Proclamation for Encourage Men to enlist)"을 통해 자원입대를 하는 군인들에게 오하이오 강 남서부

지역 토지 200,000에이커를 보상으로 주겠다고 약속했다.[45]

하지만 영국정부는 물론 총독은 이제 식민지 전쟁을 끝낸 마당에서 식민지인들의 군 복무에 대한 토지보상 요구에 이를 지킬 마음이 없었다. 서부로의 진출을 제한하는 1763년 영국성명서(the royal proclamation of 1763)를 비롯한 영국정부의 각종 중상주의 정책은 토지보상을 간절히 원하는 조지 워싱턴을 크게 실망시켰다. 하지만 조지는 이에 굴하지 않았다. 그는 버지니아 대농장주, 주의원, 교구위원으로 활동하면서 패어팩스 대령을 비롯한 여러 사람들과 관계를 유지했다. 그는 그들을 상대로 정치운동을 하고, 교묘한 술책도 썼으며, 수십 번의 청원을 넣기도 했다. 때로는 신문에 광고를 냈으며 측량사로 일을 할 때부터 오랫동안 알고지낸 버지니아 프레더릭 카운티의 측량사 윌리엄 크레포드(William Crawford)를 시켜 오하이오 지역의 땅을 은밀하게 답사하도록 했다. 이때 조지는 크레포드에게 "사람들이 미개척지역으로 여행을 왜 하느냐 물으면 그냥 사냥을 가는 것이라고 대답해라"고 훈계를 하면서 "이 일의 결과는 어디까지나 비밀로 붙여줄 것"을 요구했다.[46]

1771년 11월 그동안 요지부동의 영국정부는 버지니아 식민지인들의 요구를 들어주었다. 아마도 영국정부

[45] Abbot et al., eds., *The Papers of George Washington*, 7: pp. 117~118.

[46] George Washington to Crawford, September 17, 1767.

의 태도변화는 그동안 영국정부의 중상주의정책에 대한 식민지인들의 반발을 억제하기 위한 하나의 수단이었을 것으로 보인다. 1764년의 설탕법(the Sugar Act), 1765년의 인지세법(the Stamp Act), 1766년의 선언법(the Declaratory Act), 그리고 1967년의 타운센드법(the Townshend Act)의 시행은 북부 식민지인들을 중심으로 조직적이고 강한 반발을 불러 일으켰다. 이에 조지 워싱턴은 북부 식민지인들처럼 강한 반발은 아니었지만 차, 종이, 유리, 납 등에 고율의 관세를 매긴 타운센드법에 대해 "이법은 영국이 미국인의 자유를 침해하고 있으며 이를 없애기 위해 무기를 들 수 있다"고 조심스러운 반응을 보였다. 나아가 그는 "영국 상품의 불매운동을 통해 미국 제조업의 성장과 경제적 자립을 꾀해야 한다"고 역설했다.[47] 1969년 조지 워싱턴이 중심이 된 버지니아 의회는 이법에 대한 결의안을 통과시켰다.

[47] Abbot et al., eds. *The Papers of George Washington*, 8: p. 283, 421.

- 버지니아 의회만이 세금을 부과할 수 있는 유일한 권한을 가지고 있다.
- 버지니아인들은 불평불만을 해소하기 위해 식민지 정부에 청원할 수 있는 권한이 있다.
- 버지니아인들의 모든 범죄재판은 버지니아에서 이루어져야 한다.
- 이것이 이루어질 때 국왕 조지에게 충성한다.[48]

하지만 조지 워싱턴의 근본적 관심은 타운센트 법에 대한 반발이 아니었다. 어디까지나 그의 관심은 약속했던 토지를 보상받는 것이었다. 식민지인들의 의외의 강한 반발에 영국정부는 차에 대한 세금만 남겨 두고 다른 항목은 폐지했다. 이제 식민지인들의 불만은 북부 매사추세츠 주에서 본격적으로 이루어졌다. 보스턴 시민들이 시위를 했고 영국군이 이들에게 발포해 5명이 사망하는 사건이 발생했다. 이 사건은 급진주의자 새뮤얼 애덤스 등에 의해 과장되어 '보스턴 대학살(Boston Massacre)'이라는 제목으로 식민지 전역으로 퍼져나갔다.[49]

이런 상황에서 영국정부는 식민지인들을 달랠 필요가 있었다. 특히 남부의 버지니아 주가 조직적인 과격시위 현상을 띄고 있는 북부와 연결될 때 영국정부로서는 상당히 어려운 지경에 다다를 수가 있었다. 이를 인식한 영국정부는 새로운 총독 존 머레이 던모어(John Murray Dunmore)를 시켜 1754년 딘위디가 약속한 토지 200,000에이커를 프랑스 인디언 동맹전쟁에 참전한 퇴역군인들에게 보상으로 지급했다. 던모어 총독은 새롭게 기준을 마련하여 토지를 보상한다는 칙령을 내렸다.

영관급장교 3명: 각각 15,000에이커

---

48) Burian, *George Washington's Legacy of Leadership*, p. 420 재인용.

49) 당시 존 애덤스(John Adams)는 이 사건으로 재판에 기소된 9명의 영국 군인들을 성공적으로 변호했다.

대위 5명: 각각 9,000에이커

소위 8명: 각각 6,000에이커

사관생도 2명: 각각 2,500에이커

하사관 7명: 각각 600에이커

상병 4명: 각각 500에이커

이병 52명: 각각 400에이커50)

50) Minutes of the Council, November 4, 1771.

이에 조지 워싱턴은 크레포드를 시켜 보상받기로 되어있는 토지의 질을 조사하도록 했고 한참 후 조사를 마친 크레포드는 조지가 받은 땅은 강을 끼고 있어 "이 지역에서 최고로 좋은 곳(the cream of the country)"이라고 은밀히 보고했다.51) 또한 조지는 크레포트에게 다른 군인들의 토지 5,000에이커를 교묘한 방법으로 구입토록 했다. 이를 위해 조지는 몇몇 사람들에게 군인들이 보상받은 토지의 가격을 정확하게 말하지도 않고 상당히 과소평가하기도 했다.52)

51) Crawford to George Washington, November 12, 1773.

52) George Washington to George Mercer, November 7, 1771 ; George Washington to Robert Adams, November 22, 1771.

영국과 전쟁이 일어나고 독립군 총사령관으로 발탁될 당시 조지는 오늘날 행정구역으로 버지니아, 뉴욕, 메릴랜드, 오하이오, 켄터키에 총 63,000에이커를 소유하고 있었다. 그가 소유한 노예는 300명에 이르렀다. 당시 조지는 엄청난 토지를 소유한 부동산 부자로만 만족하지 않았다. 그는 단순한 담배농업에서 대규모로 밀 등의 다양한 곡

물을 생산 판매하는 기업가적인 농민으로 재산을 모았다. 이에 더하여 제분소, 낚시업, 증류업, 가축업, 운하산업 등에서도 성공적인 투자활동을 통해 많은 돈을 벌었다. 1774년에 아내 마사의 재산과 마운트버넌을 제외하고도 조지 워싱턴의 총재산은 500,000달러를 넘었다. 이제 조지 워싱턴은 당시 미국에서 가장 부유한 사람 중에 한 사람이 되었다. 조지 워싱턴은 자신의 결핍과 부족을 대농장주로 성공함으로써 스스로를 보상했다. 그것은 단순히 형 로렌스를 모방하는 차원을 훨씬 넘어섰다.

이미 앞에서 살펴보았듯이 조지 워싱턴은 형과 같이 군인으로 성공의 길을 가고자 했다. 식민지 시대에 군인이 되어 명예와 권위를 얻는 것은 유년시절부터 겪어왔던 여러 결핍을 극복하는 길이었다. 조지는 우선 버지니아 군대의 대령이 되고 난 후 형이 결코 도달하지 못했던 영국정부심의회로부터 승인을 얻어 영국 정규군이 되고자 했다. 이 길은 결코 가까이 할 수 없었던 어머니가 있는 패리 팜을 떠나는 길이기도 했다. 1852년 스무 살이 되면서 조지는 적극적으로 형 로렌스의 도움을 얻어 버지니아 군대에 입대했다. 입대와 동시에 조지는 소령계급을 받았다. 그런데 갑자기 형이 사망했다. 조지는 형이 대령으로 근무했던 자리를 원했지만 이제 막 군인이 된 젊은 청년에게 그것은 너무

큰 욕심이었다.

그런데 조지 워싱턴에게는 또 다른 멘토였던 패어팩스 대령이 있었다. 초기에 조지는 자신이 살고 있는 지역인 노던 넥 지역으로 배치를 받지 못하였으나 이내 패어팩스 대령의 도움을 받고 총독 딘위디에게 청원을 넣어 소원을 이루었다.

- 계급: 소령
- 연봉: 100파운드
- 임무: 지역 민병대 훈련
- 경험: 무(無)[53]

[53] Rejai and Phillips, "The Young Washington: An Interpretive Essay," p. 173 재인용.

군인으로 성공하기를 간절히 원했던 조지 워싱턴에게 기회가 찾아왔다. 유럽에서 영국과 절대주의의 우위를 다투고 있었던 프랑스 군이 오하이오 지역으로 영향력을 확대해 왔다. 이에 영국은 이 땅이 영국 땅임을 알리고 프랑스 군이 물러나기를 원했다.

영국정부는 버지니아 총독 딘위디에게 이 일을 맡겼다. 총독은 오하이오 숲 속에 진출해 있는 프랑스 군인들에게 영국의 의도를 알릴 특사를 필요로 했다. 조지는 패어팩스 대령을 통해 딘위디의 계획을 알게 되었다. 모험심이 강한 조지는 조금도 망설이지 않고 찾아 온 승진 기회를 놓치지 않았다. 그는 곧바로 딘위디에게 달려가 특사로 자원했다. 하지만 그 일은 결코 쉬운 일이 아니었다. 이제 곧 시작되는 추운 겨울에 아직 미개척 산악 지역을 지나가야 했으며 그것도 적대적인 인디언들이 숨어 있는 지역이었다. 그래서 여러 영국 관리들이 이제 막 스무 살이 넘는 경험이 부족한 조지가 이 일을 하기에는 적합하지 않다고 주장했다.54) 하지만 딘위디는 궁극적으로 조지를 특사로 발탁했다. 물론 여기에도 그의 멘토인 패어팩스 대령의 적극적인 후원과 추천이 뒷받침 되었다. 1753년 10월에 조지는 딘위디의 편지를 들고 황무지로 들어가 77일 만에 임무를 마치고 돌아왔다.

54) Lengel, *General George Washington: A Military Life*, pp. 19~20.

하지만 프랑스는 영국의 주문을 따르지 않았다. 결국 두 나라는 신대륙에서도 전쟁을 하지 않을 수가 없었다. 소위 프랑스 인디언 동맹전쟁이 발발했다. 딘위디는 군 복무자에게 토지로 보상을 해줄 것을 약속하면서 버지니아 민병대를 모집했다. 조지 워싱턴이 버지니아 연대 사령관이었다. 조지는 단순히 군인으로 승진하기보다 영국정부심의회의 승인을 얻어 영국 정규군이 되고자 했다. 이를 위해 조지는 적극적으로 버지니아 연대를 이끌었다. 조지는 영국 정규군이 되어야만 자신보다 낮은 계급의 영국정규군이 자신을 함부로 하지 못한다는 것을 알고 있었다.

하지만 조지는 이 목표를 달성하지 못했다. 궁극적으로 조지는 대령으로 진급을 했지만 바로 이 문제(낮은 계급의 영국 정규군이 자신과 버지니아 연대를 무시하는 행위) 때문에 그토록 성공하기를 원했던 군대를 떠나지 않을 수 없었다. 조지는 27세가 되기 전 1758년 12월에 군인으로서 성공의 길을 가고자 했던 꿈을 접고 자기보상을 다른 곳에서 찾아야만 했다. 그것은 이미 살펴보았듯이 대농장주로 부자가 되는 것이었다. 동시에 그가 추구한 또 다른 보상의 길은 정치가였다. 죽은 형 로렌스 역시 버지니아 주의회 의원으로 성공가도를 가고 있었다.

아직 군대에 있을 때 조지 워싱턴은 영국 정규군으로서의 신분을 얻지 못하고 버지니아 연대에 대한 영국인들의 부정적인 견해에 대해 불만이 가득해 있었다. 군에 대한 미련 때문에 군대를 완전히 떠나지 못했지만 조지는 자신이 명예와 권위를 얻어 성공가도를 갈 수 있는 다른 길을 모색하고 있었다. 그래서 그는 1757년에 군인의 신분으로 버지니아 주의회 선거에 출마했지만 아무런 선거운동을 하지 않았기 때문에 필연적으로 낙방했다. 하지만 이듬해에 군대를 떠나기로 마음먹은 조지는 적극적으로 선거에 임해 당선되었다. 조지가 윌리엄스버거에 있는 주의회 회기에 참석했을 때 동료의원들로부터 대대적인 환영을 받았다. 비록 영국인들은 조지 워싱턴은 물론 버지니아 연대에 대해 부정적으로 평가하고 있었지만 버지니아인들은 그를 전쟁 영웅으로 칭송했다. 의원으로서의 조지 워싱턴은 결코 뛰어나지 않았다. 그럼에도 그는 1774년 1차 대륙회의(the First Continental Congress)까지 계속 의원직을 유지하고 있었다.

당시 조지 워싱턴은 정치가로서의 활동보다 성공한 대농장주로 누릴 수 있는 여러 가지 방법으로 지난시절 자신이 겪었던 애정결핍을 보상하는 일에 더욱 몰두했다. 조지는 많은 시간을 다음과 같이 보냈다.

> 카드놀이, 댄스파티, 닭싸움, 경마, 여우사냥, 말 교배, 개 교배, 극장, 마운트버넌 확장 및 개량, 친구와 방문객 접대, 마데이라(Madeira)백포도주와 럼주, 브랜디 등…….55)

55) Rejai and Phillips, "The Young Washington: An Interpretive Essay," p. 175 재인용.

여기에 더하여 그는 영국에서 특별히 주문한 최신 유행하는 옷을 즐겨 입었다. 조지 워싱턴은 군대에서 막 제대를 한 후 마운트버넌 거실 벽난로 위에 놓을 6명의 유명한 세계의 군인들의 흉상을 특별 주문했다.

> 알렉산더 대왕(Alexander the Great), 줄리어스 시저(Julius Caesar), 스웨덴의 찰스 12세(Charles XII), 프리드리히 대왕(Frederick the Great), 오스트리아의 유진 왕자

(Prince Eugene), 그리고 영국왕실의 별궁인 말보르 공작 (the Duck of Marlborough) 등이다.56)

56) Rejai and Phillips, "The Young Washington: An Interpretive Essay," p. 175 재인용.

이것은 아마도 그가 군인으로서 이루지 못한 자신의 목표에 대한 집착에서 나온 행동이 아닌가 생각된다. 그러나 그의 런던 대리점인 로버트 게리 사(Robert Gary & Co.)는 조지의 주문에 응하지 못했다. 이에 조지는 몹시도 실망했지만 이내 다른 소비에 몰두했다. 조지와 마사는 영국으로부터 각종 사치품을 사들였다.

   옷, 가구, 융단, 도자기, 유리제품, 장식품, 양초, 양념, 사탕과자, 포도주, 코담배, 책 등이다.57)

57) Rejai and Phillips, "The Young Washington: An Interpretive Essay," p. 175 재인용.

워싱턴 부부는 특별히 선발된 13명의 하인들을 두고 그들로부터 거의 모든 일상을 도움 받았다.

   집사, 요리사, 웨이터, 간호사, 보모, 빨래를 하는 여성, 청소하는 여성 등이다.58)

58) Rejai and Phillips, "The Young Washington: An Interpretive Essay," p. 175 재인용.

조지 워싱턴은 비록 군인으로서는 성공을 하지 못했지만 대농장주와 정치인으로서 큰 성공을 이루었다. 그의 성공은 유년시절 겪었던 애정결핍을 충분히 보상하고도 남았다. 하지만 운명은 조지로 하여금 단순히 식민지 버지니아 지역에서 성공한 대농장주로, 성공한 지역 정치인으로만 남아 있도록 허락하지 않았다.

영국정부는 식민지에 대한 중상주의 정책을 강화했다. 영국은 각종 세금을 부과하여 식민지인들을 괴롭혔다. 그러나 정치인으로서의 조지 워싱턴은 영국정부의 정책에 큰 불만이 없었다. 적어도 자신이 생산한 담배가 적절한 가격에 수출되지 못한다는 사실을 알기 전까지는 그러했다. 조지는 영국의 각종 부당한 세금에 불만이 있었지만 궁극적으로 그는 딘위디가 약속한 토지를 보상받을 욕심으로 온건노선을 유지했다. 1771년 조지는 그토록 원했던 토지를 드디어 보상받았지만 영국과 식민지 사이의 관계는 악화일로에 있었다.

운명의 시간이 다가왔다. 1773년 12월 매사추세츠의 과격파들로 구성된 '자유의 아들들'이 차세를 반대하여 인디언 복장을 하고 보스턴 항구에 정박해 있는 차를 가득 실은 동인도 회사의 상선에 올라가 차를 바다로 던져 버렸다(보스턴 차사건). 이에 영국은 보스턴 항구법을 재정하여 보스턴 항을 폐쇄시켰다. 이런 상황에도 조지 워싱턴은 개인적으로 특별한 반응을 보이지 않았다. 하지만 곧이어 영국이 말을 바꾸어 이미 약속한 토지보상은 토지를 영국 정규 군인에게만 주어질 것이라 발표하자 조지는 더 이상 참을 수가 없었다. 이미 그는 다른 장교들과 사병들에게 보상이 약속된 토지의 일부를 사들인 상태였다. 그는 식민지인에 대한 영국인의 악의적 태도에 분노하며 몇몇 친구들에게 "나는 왜 우리 미국인이 무시를 당해야하는가 이해할 수 없다. 지난 전쟁에서 우리는 영국 정규군 이상의 복무를 했다고 믿는다"고 말했다.59)

59) George Washington to Thomas Lewis, February 17, 1774 ; George Washington to James Wood, February 20, 1774

조지 워싱턴을 더욱 절망으로 몰고 간 것은 영국이 1774년 초에 소위 퀘벡법(the Quebec Act)을 통과시켜 식민지에 적용했기 때문이었다. 이법은 오하이오 강 상류 서부 펜실베이니아 지역과 미시시피 강 동쪽을 캐나다에 있는 퀘벡주로 통합시켜 북아메리카를 하나의 영국 식민지 주로 만든다는 내용을 담고 있었다. 이 법은 인디언과의 모피무역을 원활하게 한다는 의도를 가지고 있었지만 실상은 식민지 남부와 북부 모두에게 하나의 위협이었다. 이는 퀘벡이 전통적으로 가톨릭 지역이라는 것도 있지만 조지와 같이 새로운 땅을 찾아 서부로 진출하려는 식민지인들의 의도를 완전히 무시한 처사였다. 이에 조지는 "이 법의 진정한 의도는 버지니아 서부 토지 투기업자들을 죽이기 위한 의도에서 나왔으며 이는 영국의 의도를 완전히 믿을 수 없는 조치"라고 새로운 총독 존 던모어(John M.

Dunmore)에게 항의했다.[60]

[60] George Washington to Dunmore, April 3, 1774.

하지만 던모어는 아무런 반응이 없었다. 더더욱 영국의회가 소위 주둔법(the Quartering Act)을 통과시켜 영국군은 식민지인 개인 집 어디에서도 숙박을 할 수 있도록 했다. 영국에 대한 북부 식민지인들의 반감이 악화되는 가운데 버지니아 의회도 더 이상 침묵하지 않았다. 그들은 알렉산드리아에서 조지 워싱턴을 중심으로 회합을 가지고 소위 패어팩스 카운티 결의안(the Fairfax County Resolves)을 통과시켰다.

- 우리는 영국 상품을 수입 금지한다.
- 우리는 보스턴을 지지한다.
- 우리는 대륙회의를 제안한다.
- 우리는 노예무역을 종결할 것을 제안한다.[61]

[61] Fairfax County Resolves, July 18, 1774.

이 결의안에 기초하여 식민지인들은 필라델피아에서 제1차 대륙회의를 열었고 조지 워싱턴은 버지니아 대표로 참석했다. 이제 식민지인들의 자위를 위해서는 무기를 들 수밖에 없는 상황으로 전개되었고 결국 1775년 4월에 렉싱턴과 콩코드에서 독립을 위한 최초의 전투가 벌어졌다.

식민지인들은 효과적인 투쟁을 위해 5월에 제2차 대륙회의를 소집했고 조지 워싱턴은 다시 버지니아 대표로 참석했는데 이번에는 특별히 주문한 군복을 입고 회의에 참석했다. 아직 보상하지 못했던 군인으로서의 성공을 의식한 다분히 의도적인 행동이었다. 그리고 한 달 뒤 그는 창설된 대륙군의 총사령관으로 임명되었다.[62] 당시 영국으로부터 가장 심한 간섭과 침략을 받고 있었던 곳은 버지니아가 아니라 매사추세츠였다. 이미 매사추세츠는 영국에 대한 강경한 태도로 독립을 위한 노력을 하고 있었고 버지니아를 비롯한 남부에 위치한 주의 미지근한 태도에 작은 불만을 가지고 있었다. 그래서 정치적 고려를 하지 않을 수 없었던 매사추세츠 대표 존 애덤스는 아내 아비게일(Abigail)에게 "워싱턴 대령이 군복을 입고 대륙회의에 나타났어요. 군대에서의 그의 많은 경험과 능력이 우리에게 많은 도움이 되리라 믿습니다. 또한 그는 식민지를 연합시킬 수 있는 큰 이점이 있어요"라는 편지를 보냈다.[63] 비록 영국정규군은 아니었지만 그토록 보상하기를 원했던 군인으로서 최고의 자리에 올랐다. 유년시절에 겪었던 애정결핍에 대해 완전히 보상하는 순간이었다.

그리고 이 보상은 조지 워싱턴에게 새로운 운명으로 다가왔다. 그것은 그로 하여금 단순한 개인적 차원의 보상을 넘어 미국이라는 새로운 국가의 성공한 리더로서의 길을

[62] 이때 조지 워싱턴은 여러 대륙회의 의원들로부터 적지 않은 의심을 사고 있었다. 그들은 얼마 전 영국의 크롬웰이 정당성을 가지고 혁명을 주도했지만 궁극적으로 독재자가 된 사실을 누구보다도 잘 알고 있었기 때문이었다. 하지만 매사추세츠 주 대표인 존 애덤스가 독립운동에 버지니아 주의 적극적 동참을 원하는 정치적 고려와 그동안 지켜본 워싱턴의 인격과 품격을 고려한 추천으로 워싱턴은 만장일치로 총사령관에 추대되었다.

[63] John Adams to Abigail Adams, June 17, 1775.

가도록 만들었다. 나아가 그 운명은 조지 워싱턴이 인류 최초로 진정한 민주주의와 자유를 실천한 위대한 리더로서의 길을 가도록 이끌었다.

1775년 7월 3일 대륙군 총사령관에 취임하는 워싱턴

독립군 총사령관 2장
권력의 마수에서 벗어난 유일한 사람

■ 권력의 마수에서 벗어난 유일한 사람 ■

세계 최강의 군대를 상대로 승리

아메리카에 대한 영국의 식민정책 강화는 결국 미국인들로 하여금 식민지 상태에서 벗어나 독립을 추구하도록 만들었다. 그런데 세계 최강의 군대를 가지고 있는 영국을 상대로 어떻게 싸울 것이며 누가 그 일을 책임질 것인가? 대륙회의에 참석한 각 주의 대표들은 얼마의 논란이 있었지만 이내 해결책이 나왔다. 많은 사람들이 얼마 전 크롬웰의 유령을 알고 권력이 그것도 군사 권력이 개인에게 집중되는 것을 경계했지만 워싱턴의 인격, 품성, 정직을 고려하여 만장일치로 그를 총사령관으로 선출했다.

대륙회의에 참석한 대표들의 성원에 못 이겨 워싱턴은 총사령관직을 수락했다. 하지만 이 일에 대한 중압감은 대단히 컸던 것 같다. 자리에서 일어난 워싱턴은 "그 어떤 불행한 사건이 일어나지 않도록 여기 계신 여러분들께서는 나의 말을 꼭 기억해 주시기 바랍니다. 대단히 영광스럽게도 여러분들께서 나를 총사령관으로 뽑아 주셨지만 내가 이 일을 잘 감당해 낼 수 있을지 모르겠습니다.……이 직책에 따른 봉급을 일절 받지 않을 것이며 단지 내가 정확히 기록한 지출비용만 받도록 하겠습니다"라고 말했다.[1]

말이 총사령관이지 워싱턴의 대륙군은 거의 아무 것도 없는 무에서 출발하는 것과 같았다. 당장이라도 전투를 시작할 수 있는 세계 최강의 군대를 상대하기 위해서 워싱턴은 해결해야할 문제들이 너무나 많았다. 그에게는 여러 주로부터 온 훈련받지 못한 자원한 민병대만 있을 뿐이었다. 이들마저도 1775년 12월 31일부로 제대가 예정되어 있었다. 어쨌거나 워싱턴은 먼저 이들을 조직하고 훈련시켜야 했다. 7월 4일 그가 내린 최초의 명령은 군의 기강 확립을 위한 포괄적인 것이었다. 그는 당시 병사들 간에 만연되어 있던 상호간의 악담과 저주, 욕설, 음주를 금지시켰다. 병사들이 야외 화장실을 만들지 않고 아무 데나 생리현상을 해결했기 때문에 악취가 진동하고 건강을 위협하고 있었다. 그래서 워싱턴은 하다못해 야외 변소를 만드는 일까지 직접 챙기지 않으면 안 되었다.[2]

1) James T. Flexner, *Washington-Indispensable Man*, 1994 ; 정형근 옮김, 『미국의 역사를 창조한 대통령 조지 워싱턴』, 서울: 고려원, 1995, 78쪽.

2) Richard Brookhiser, *George Washington on Leadership*, 2008.

워싱턴 군대의 약점은 이뿐만이 아니었다. 그에게는 단 한 대의 대포도 없었다. 그는 공병학 전문가는 물론 노련한 경험 있는 하사관이나 장교도 없었다. 단지 36배 럴의 화약만 있었고 총알도 턱없이 부족했다. 겨울은 다가 왔지만 1만 4,000명에 달하는 병사들은 땅속이나 널빤지로 만든 임시 막사에서 생활해야만 했다. 거기에다 대부분의 병사들은 집을 떠날 때 입은 간단한 셔츠와 겉옷만을 입고 있었다. 담요도 턱없이 부족했다. 당시 워싱턴이 겪은 어려움이 얼마나 심했는지 좀처럼 다른 사람에게 자신의 어려움에 대해 이야기를 하지 않던 워싱턴이 친구인 조셉 리드(Joseph Reed)에게 다음과 같은 편지를 썼다.

> 우리가 얼마나 어려운 곤경 상태에 처해 있는지 아는 사람이 거의 없습니다. 만약 내가 이 직책을 받아들이지 않고 어깨에 총을 메고 단순히 일개 병사가 되었다면 지금보다 얼마나 많이 행복할까 생각합니다. 만약 내가 후손들과 나의 양심에 거리낌이 없다면 영국군에게 항복하고 나는 고향으로 돌아가 오두막집이라도 짓고 살고 싶습니다. 하지만 만약 내가 이러한 어려움들을 극복하게 된다면 그것은 전지전능한 분의 힘으로밖에 생각할 수 없습니다. 하나님의 섭리가 그 속에 있을 것입니다. 그것은 적의 눈을 눈멀게 하는 그런 것입니다.[3]

3) George Washington Papers at the Library of Congress, 1741~1799.

하지만 워싱턴은 전쟁 초기의 이런 어려움을 극복하고 민병대를 진정한 미국 독립군으로 거듭나게 했다. 그는 엄격한 훈련을 실시했으며 군인답지 못한 행동을 근절시켰다. 군대 내에서 욕설과 음주를 금지시켰다. 특히 도둑질에 대해서는 군사재판에 회부하여 공개적으로 태형을 가해 병사들의 기강을 잡아 나갔다.[4] 어지러워진 캠프를 정리 정돈하도록 했으며 최상의 위생과 단정한 복장을 유지하도록 권고했다. 부족한 물자를 신속히 제공해 주도록 대륙회의에 편지를 보냈다. 그는 모든 민병 대원을 정규 대륙군으로 등록시켜 병사들에게 사기를 진작시켜 주었다.

[4] 워싱턴은 도둑들뿐만 아니라 술고래, 뚜쟁이, 병역 기피자, 탈영자 등에 대해서도 태형을 가해 굴욕을 맛보게 하여 다른 병사들에게 본보기가 되도록 했다.

워싱턴이 이와 같이 군을 정비하는 동안 다행히도 영국군은 공격을 하지 않았다. 그것은 독립전쟁 초기에 미국의 왕당파들이 영국과의 타협을 모색하고 있었고 영국 또한 반란군의 신사적인 항복을 기다리고 있었기 때문이었다. 사실 초기에 워싱턴 자신도 전쟁보다 타협의 가능성을 완전히 배제하지 않고 있었고, 적어도 1776년 새해가 되기까지는 그러했다.

그러나 기대와는 달리 영국 왕 조지 3세는 러시아인이나 독일인 용병으로 반란군들을 쳐부수겠다고 천명했다. 그는 식민지 아메리카인들이 새로운 독립 제국을 만들겠다는 의도에 분을 삭이지 못했다. 이에 비록 영국인이었지만 미국의 '대의'를 이끌어나간 토마스 페인(Thomas Paine)이 1월에 영국왕의 부당성과 미국 독립의 정당성을 밝히는 『상식론』을 발표했다. 페인의 글에 깊은 감명을 받은 워싱턴은 1월 31일에 글을 통해 독립의 필요성을 명백히 하였다. 그는 "그 어떤 것도 폭군과 그의 극악무도한 정부를 만족시킬 수 없다면 우리는 단연코 이러한 부도덕하고 사악한 국가와는 모든 관계를 단절 하겠다"라는 내용을 영국정부와 대륙회의에 보냈다.[5]

5) Thomas Paine, the Common sense

군을 정비한 워싱턴은 보스턴에 정박해 있는 영국군을 공격할 준비에 들어갔다. 반란군을 느긋하게 바라만보고 있었던 영국군은 워싱턴군의 부지런함과 기술에 혼비백산했다. 워싱턴은 단 하룻저녁에 영국군 주둔지를 바로 포격할 수 있는 거리인 도체스터 언덕에 그렇게 견고하지는 않지만 결코 허술하지 않은 요새를 세웠다. 워싱턴이 이런 일을 할 수 있었던 것은 그동안 전쟁 준비를 꾸준히 해 온 결과이기도 했다.

동이 트고 뒤 늦은 시간에 이를 확인한 영국군 장군 윌리엄 하우(William Howe)는 "나의 군 전체가 한 달을 일해도 다 못할 일을 반란군들은 단 하룻저녁에 해치웠다"라고 말했다.[6] 이 일을 기적과도 같다고 말한 어느 장교는 "반란군들은 마치 알라딘의 요술램프 속에 들어 있는 지니(Geni)만큼 신속히 일을 해냈다"라고 말했다.[7] 이 요새로

6) Caroline M. Kirkland, Memoirs of Washington.

인하여 영국군은 3월 17일 보스턴에서 철수했다. 워싱턴의 많은 사상자를 낼 수 있는 전투를 하지 않고도 보스턴에서 영국군을 추방시켰다. 대륙회의로부터 많은 찬사를 받았지만 워싱턴은 의무를 다했을 뿐이며 곧 자유와 평화가 오기를 간절히 원한다고 대답했다. 하우의 군대가 뉴욕으로 입항하자 워싱턴은 그들을 추격해 갔다.

|7) Caroline M. Kirkland, *Memoirs of Washington*.

7월 4일에 워싱턴은 대륙회의로부터 '독립선언서(Declaration of Independence)'를 받았다. 그 내용은 다음과 같았다.

> 우리는 다음과 같은 진리를 자명한 것으로 받아들인다.
> 모든 사람은 평등하게 창조되었다는 것
> 그들은 창조주에 의해 양도할 수 없는 일정한 권리가 주어졌다는 것
> 이 권리 가운데는 생명, 자유, 행복의 추구가 포함되어 있다는 것
> 그리고 이러한 권리를 확보하기 위해 인간은 정부를 수립했으며,
> 이 정부의 정당한 권력은 국민의 동의로부터 유래하고 있다는 것
> 그리고 어떠한 형태의 정부라도 이 목적을 파괴할 때에는 그 정부를 바꾸거나 없애고 자신의 안전과 행복을 가장 잘 이룩할 수 있을 원칙에 기초를 둔 새로운 정부를 조직하는 것은 국민의 권리이다.[8]

8) United States Declaration of Independence.

독립선언서를 확인하고 난 워싱턴은 병사들에게 큰 소리로 읽어 주면서 "여러분, 믿음과 용기와 희망을 가지고 싸우십시오. 이 나라의 평화와 안전은 전지전능한 그분의 보호 아래 우리 군이 승리를 하느냐에 달려 있습니다"라고 말했다.9)

9) George Washington Papers at the Library of Congress, 1741~1799, p. 3

워싱턴이 이끄는 미국 독립군의 사기는 충전해 있었지만 뉴욕 항에 정박해 있는 영국군은 본국으로부터의 지원에 힘입어 새로운 전략을 구사하고 있었다. 거기에다 연말이 되면서 제대 군인수가 늘어나면서 독립군의 수가 영국군에 비해 형편없이 줄어들었다. 후에 워싱턴은 "이 시기가 독립전쟁 중 가장 어려운 시기였다"고 회상했다.10) 겨울이 다시 다가와 있고 전투를 할 수 있는 군인의 수가 형편없이 줄어든 어려움에도 워싱턴은 조금도 굴하지 않았다. 그는 "우리의 대의의 정의를 믿으며, 비록 현실이 구름 속에 가려 있는 것 같지만 얼마 있지 않아 밝은 날이 올 것이라 확신합니다"라고 낙관적인 태도를 견지했다.11)

10) Jared Sparks, *The Life of George Washington*, Little Brown, 1860.

11) George Washington Papers at the Library of Congress, 1741~1799.

워싱턴은 낙관적 결과를 위해 뭔가를 해야만 했다. 혹독한 겨울 추위에 워싱턴은 그 누구도 상상도 할 수 없는 일을 추진했다. 그는 델라웨어 강 건너 트렌턴에 주둔하고 있는 영국에 의해 고용된 독일 용병인 헤센인의 주둔지를 기습 공격하기로 마음먹었다. 12월 25일 저녁에 대륙군은 델라웨어 강을 영국군 몰래 건넜다. 워싱턴은 약 2,400명의 대륙군을 이끌고 차가운 겨울밤을 가르고 얼음을 깨어 가며 강을 건넜다. 또 다시 워싱턴은 폭설 속에서 병사들을 이끌고 9마일을 더 행진하여 헤센인을 기습 공격했다. 잠시의 교전 끝에 32명을 사살했고 약 1,000명 이상을 포로로 잡았다. 반면에 대륙군은 행진 당시에 2명이 사망한 것을 제외하고는 단 1명의 사상자도 없었다. 곧바로 '늙은 여우'라는 별명을 얻은 워싱턴은 증파된 영국군을 피해 트렌턴을 빠져나와 프린스턴으로 진격하여 그곳에서 또 다른 승리를 낚아챘다. 이 승리를 두고 프로이센의 프리드리히 대왕은 "역사상 군사적 성과 중 가장 빛나는 성과"로 찬양했다.[12] 영국군 총사령관 콘윌리스 역시 나중에 요크타운에서의 패배 후 워싱턴에게 다음과 같이 말했다. "이 길고 힘든 전쟁에서 증명된 당신의 뛰어난 업적은 하나의 역사가 되었습니다. 당신은 당신의 명성에 체사피크만보다 델라웨어 강둑에서 가장 큰 월계관을 씌워 주었습니다."[13]

몇 번의 승리와 패배를 주고받는 가운데 1777년의 겨울이 다가왔다. 영국군은 독립운동의 상징 지역인 필라델피아를 점령하고 있었고, 워싱턴은 이곳을 수호

[12] George Washington Parke Custis, *Recollection and Private Memoir of the Life and Character of Washington by George Washington Parke Custis, with Memoir of George Washington Parke Custis by His Daughter: With the Epistolary Correspondence Between washington and Custis* (ed.) Benson J. Lossing, Englewood, 1859.

[13] Parke Custis, *Recollection and Private Memoir of the Life*.

하기 위해 근처 파지 계곡에 주둔하고 있었다. 전쟁이 시작된 이후 늘 그랬지만 1777년의 겨울은 독립군들에게 가장 혹독했다. 군수품이 턱없이 부족한 것은 말할 필요가 없었다. 그런데 이번에는 병사들이 먹을 식량도 없어 배를 곯고 있었다. 그들은 낡은 옷에다가 많은 병사가 신발조차 신지 못했다. 또 많은 병사가 아팠다. 그들이 행진을 할 때면 눈 위에 핏자국이 남아 있을 정도였다. 독립군은 혹독한 겨울을 견디고 있었는데, 아주 가까운 거리에 있는 적 영국군은 필라델피아 시가 제공할 수 있는 편안함을 즐기고 있었다.

델라웨어 강을 건너는 워싱턴과 대륙군

파지 계곡은 기아와 혹독한 추위와 저하된 군의 사기로 독립운동 기간 중 가장 어려운 시기로 여겨지고 있다. 실제로 새로운 보급품이 전달되기까지 두 달 동안의 궁핍은 혹독했다. 그럼에도 워싱턴은 낙관주의와 전지전능한 그분에 대한 믿음과 자유의 대의를 강하게 추진해 나갔다. 1777년 12월 17일 워싱턴은 병사들에게 "지금 비록 어렵지만 하나님이 우리 편이고 궁극적으로 우리는 전쟁의 목표인 독립과 자유와 평화를 얻게 될 것입니다"라고 말했다.14) 비록 파지 계곡 생활이 6개월간 계속되었지만 독립군은 워싱턴의 리더십에 힘입어 새롭게 정비되었다. 그동안 독립군은 프로이센의 군사 교관 프리드리히 폰 스토이벤(Friedrich von Steuben)에 의해 새로운 군사 기술을 습득했고 프랑스로부터 많은 군사 지원을 확보하게 되었다. 궁극적으로 파지 계곡의 생활은 여러 주에서 온 민병대 수준의 군을 국민군으로 변화시켜 주었다. 사실 민병대로는 세상에서 가장 강한 군대를 상대하기가 쉽지 않았다. 전쟁을 이기기 위해서는 반드시 대륙군의 성격을 바꾸는 것이 반드시 필요했다. 뿐만 아니라 파지 계곡의 어려움을 함께 지낸 다양한 주 출신들은 이전의 단순히 버지니아인, 뉴욕인 등의 지역성을 떠나 미국인이라는 공통된 의식을 가지게 되었다. 워싱턴 역시 이때의 경험으로 후에 중앙정부와 상

14) George Washington Papers at the Library of Congress, 1741~1799.

비군의 절대적 필요성을 인식하게 되었다. 1778년 6월에 영국은 드디어 필라델피아를 떠나 다시 뉴욕으로 철수했다.

파지 계곡에서 기도하는 워싱턴

1778년과 1779년은 특별한 전투 없이 서로 간의 탐색전만 계속되었다. 1779년이 되자 영국군은 그동안 자제했던 식민지에 대한 약탈 행위를 자행했다. 재산을 약탈하고, 집과 학교, 가게, 교회를 불태우고 인디언들을 부추겨 식민지인들을 학살하도록 했다. 하지만 영국군의 이러한 행위는 미국인들로 하여금 싸워 승리하고자 하는 의지만 강화시켜 줄 뿐이었다. 노심초사 늘 그랬듯이 워싱턴의 최대 도전은 군대를 유지해 나가는데 필요한 식량과 물자, 군수품과 돈이었다. 대륙회의는 워싱턴의 요구에 모두 부응할 수가 없었다. 대륙회의 역시 다시 각각의 주 정부에게 손을 벌려야 했기 때문이었다. 이제 워싱턴은 전투를 지휘하는 일 이외에 각 주 정부, 기업인, 상인, 농민, 그리고 도움을 줄 수 있는 모든 미국인들을 찾아다니며 돈과 식량과 군수품을 부탁했다. 그 결과 여러 곳에서 여성 단체들이 형성되어 돈과 옷 등을 기부해 주었다.

그동안 콘웨이(Thomas Conway) 장군의 워싱턴의 총사령관직 축출 음모와 믿었던 부하 베네딕트 아놀드(Benedict Arnold)의 배반 행위가 있었지만 워싱턴은 절망하지 않고 모든 어려움을 극복했다. 워싱턴은 비록 보잘 것 없는 민병대로 출발했지만 자유의 대의와 하나님의 섭리에 힘입어 대륙군이 반드시 승리할 것이라고 확신했다.

1781년 10월 17일 요크타운에서 워싱턴과 콘윌리스는 마지막 전투를 준비하고 있었다. 영국군은 승리를 확신했지만 프랑스군과 혹독한 날씨를 생각하지 않았다. 워싱턴의 수많은 노력 끝에 때마침 도착한 프랑스 함대가 영국군 요새에 함포 사격을 가하고 후방에서 워싱턴군이 영국군이 도망가는 퇴로를 차단했다. 고요했던 하늘에서 퍼부은 억수 같은 폭우는 콘윌리스군을 진퇴양란으로 몰고 갔다. 이날 저녁 콘월리스는 항복했고 전쟁이 종결되었다. 그야말로 보잘 것 없었던 대륙군이 세계 최강의 군대를 상대로 승리를 한 순간이었다. 이 승리의 한가운데 워싱턴이 있었다.

요크타운 전투 이후 영국군 사령관 콘월리스가 워싱턴에게 항복하는 모습

군사 쿠데타와 워싱턴의 선택

많은 사람들은 콘월리스의 항복이 독립전쟁의 끝이라고 생각했지만 워싱턴의 생각은 달랐다. 영국군은 언제라도 다시 무장하여 공격할 수 있는 능력을 가지고서 여전히 뉴

욕항에서 정박하고 있었기 때문이었다. 그럼에도 불구하고 일반시민들은 독립전쟁이 완전히 끝난 것처럼 행동하며 승리감에 도취되어 있었고 병사들은 극도로 태만해져 영국군이 또다시 공격해 온다면 아메리카군 병사들은 속수무책으로 당할 수밖에 없었다. 여기에 더하여 병영에는 자신들의 요구조건에 무관심한 정부에 대해 불만이 제기되고 있었고 자칫하면 피 흘려 쟁취한 자유원리를 스스로 파괴할 가능성이 있었다. 이러한 상황 속에서 워싱턴은 당시의 심정을 이렇게 기록하고 있다.

> 요크타운 점령은 이것이 계기가 되어 분투노력한다면 훌륭한 결과를 가져다 줄 수 있는 흥미로운 사건이었다. 그러나 이겼다고 해서 긴장을 풀어 대비태세가 허술해진다면 차라리 일어나지 않았으면 좋았을 사건이 되고 말 것이다.[15]

[15) 정형근 옮김, 『미국의 역사를 창조한 대통령 조지 워싱턴』, 206쪽.

13개 각각의 독립된 주 정부는 전쟁이라는 국가적 위기에서는 단결했지만 막상 코앞에서 적이 사라진 후에는 대륙회의의 일보다는 각각의 주정부 일에 더 많은 관심을 쏟았다. 이러 사태를 우려하여 연합정부를 구성하고 향후 필요한 자금을 각 주가 분담한다는 것을 합의했지만 약속한 분담금은 쉽게 거두어지지 않았다.

더 이상의 전쟁은 없었지만 여전히 군대를 유지하고 병영을 운영해 가야하는 상황에서 정부의 지원은 사실상 끊긴 상태에 있었다. 최소한의 의식주 문제까지 한계에 다다르고 있었고 이런 상황에서 대륙회의는 병사와 장교들에게 장기간의 휴가와 제대를 시켜 전쟁경비를 줄이려고 했다. 당시 대륙회의는 관세나 세금을 징수할 독자적 원한을 가지고 있지 않았기 때문에 돈을 충당할 수 있는 방법이 없었다. 더더욱 대부분의 장교들은 독립전쟁이 시작된 이후 거의 6년 동안 단 한 차례도 봉급을 지급받지 못한 상태에 있었고 대륙회의로부터 약속받았던 연금지급에 대한 약속 이행 역시 모호한 상태에 있었다. 자연적으로 군인들의 불만은 커져가는 상황에서 총사령관 워싱턴은 병영 여기저기에서 불길한 예감을 감지했다. 무엇인가가 잘못되어 간다는 생각을 감출 수 없었던 워싱턴은 대륙회의에 다음과 같은 편지를 보냈다.

> 제대하는 장교들은 지난날에 대한 회상과 앞날에 대한 기대라는 수천 개의 가시에 찔리고……가난과 국민들의 배은망덕으로 성격이 비뚤어져 있습니다. 그들은 조국의 자유와 독립을 이루기 위해 꽃 같은 시절을 바쳤으며 그 중 몇 사람은 가산가지 바쳤는데도 일전 한 푼 못 받고 빚

만 잔뜩 진 채 산전수전을 다 겪고 떠나야만 합니다.……
저는 이후 불행한 사태가 꼬리를 물고 일어날 것이라는
걱정을 떨쳐 버릴 수가 없습니다.16)

16) 정형근 옮김, 『미국의 역사를 창조한 대통령 조지 워싱턴』, 210쪽.

워싱턴은 대륙회의로부터 어떤 조치를 기대하고 있었지만 한편으로 그는 아무런 힘이 없는 대륙회의가 그 어떤 조치도 내놓지 못할 것이라는 점을 알고 있었다. 심지어 장교와 병사들이 삼삼오오 모여 자신들의 칼과 총을 만지면서 스스로 법을 만드는 것이 더 낫다고까지 말했다. 이런 상황에서 워싱턴은 군인들을 겨우 설득하여 그들의 불만과 요구를 대륙회의에 청원하도록 했다. 헨리 녹스(Henry Knox)와 해밀턴, 그리고 로버트 모리스(Robert Morris)등은 노골적인 위협이 동반된 청원서를 작성하여 필라델피아에 머물고 있는 대륙회의에 보냈다. 채권자들인 그들의 청원서의 내용은 대충 이러했다.

> 민간인이나 군인을 불문하고 채권자들을 보호해 줄 수 있는 유일한 방법은 강력한 군대의 힘밖에 없다고 생각한다. 평화가 선포되더라도 13개의 모든 주가 국가적 채무를 완전히 청산할 수 있는 제도에 합의할 때까지 군인들은 귀향을 거부할 것이다. 채권자의 권리를 보호해 주는 강력한 중앙정부를 창설한다는 근본목표를 달성하기 위

해 필요하다면 폭력도 불사 하겠다.[17]

17) 정형근 옮김, 『미국의 역사를 창조한 대통령 조지 워싱턴』, 212쪽.

왕이 되어 달라는 니콜라 대령의 요구에 화를 내며 거절하는 워싱턴

폭력적 위협을 가하겠다는 강한 어조의 청원서였지만 대륙회의는 이에 어떠한 조치도 취하지 못했다. 그런 중에 1782년 5월에 루이스 니콜라가 워싱턴에게 합중국의 왕이 되어 달라는 간청서를 주었다. 어떻게 보면 당시에 이 간청서의 내용은 당연한 것이지만(당시에는 왕정과 황제정이 정부형태의 대세였다) 워싱턴은 이런 일이야말로 내 나라에서 일어날 수 있는 가장 불행한 일이라 일축하고 니콜라를 돌려보냈다.

이제는 워싱턴과 가장 가까이 지냈던 인물인 해밀턴이 직접 나섰다. 해밀턴은 자신들이 군사적 행동을 하는데 워싱턴이 자신들의 음모에 가입하도록 하는 교묘한 편지를 보냈다. 누가 보더라도 당시 워싱턴은 국가 최고의 자리에 있어야 하는 당연한 사람으로 여겨졌기 때문에 워싱턴이 군사적 행동에 가입한다면 그 정당성이 쉽게 확보되는 것이었다.

> 저는 대륙회의 대의원의 한 사람으로 병사들에게 더 이상의 보급품을 조달해 줄 수가 없습니다. 6월이 되면 병사들은 필요한 물품을 스스로 조달해야 할 것입니다. 만일 아무런 조치 없이 이런 상태가 계속되고 평화가 오게 되면 군은 정의를 실현하기 위해서 무력을 사용할 계획입니다.……병사들은 장군님이 지나칠 정도로 온건해서 자신들이 받아야 할 정당한 돈을 받아 내는 데 방해가 될 뿐이라고 믿고 있습니다. 그래서 병사들은 차라리 장군님을 제쳐두고 행동하는 편이 낫겠다고 생각하고 있습니다. 이제 불만에 가득 차 고생하고 있는 병사들을 자제시키는 것 또한 어려운 일입니다. 그러나 장군님이 나서 주기만 한다면 결과적으로 오히려 이익이 될 것입니다.[18]

18) 정형근 옮김, 『미국의 역사를 창조한 대통령 조지 워싱턴』, 214쪽.

해가 바뀌어 1783년 초에 믿었던 해밀턴으로부터 유쾌하지 못한 편지를 받은 워싱턴이 고민에 빠져 있을 때 자신의 심복이자 대륙회의 버지니아 대의원인 조셉 존스으로부터도 한통의 편지가 왔다.

> 군 내부에서 음모를 꾸미고 있는 위험인물들이 자신들의 야심에 찬 계획을 장군님이 반대하지 못하도록 사전에

막기 위해 장군님의 명예를 추락시킬 비열한 책략을 꾸미고 있습니다. 타협을 하실지 아니면 끝까지 반대하실 지는 장군님의 판단력과 분별력에 달려 있습니다.[19]

19) 정형근 옮김, 『미국의 역사를 창조한 대통령 조지 워싱턴』, 214~215쪽.

무한한 야망을 가지고 있었던 워싱턴이 왕이 다스리는 세상에서 왕이 되지 못할 이유가 어디 있겠는가? 그것도 실질적인 힘, 즉 군사적 힘을 가진 군 최고사령관의 신분으로 워싱턴은 마음만 먹으면 얼마든지 왕이나 황제가 될 수 있었다.

워싱턴은 고민에 빠졌다. 어떻게 해야 하는가? 누구보다도 강한 야망이 있었지만 워싱턴은 권력이 개인에게 집중되는 것을 원치 않았다. 워싱턴은 로마 공화정이 군사적 힘을 가진 시저의 독재에 의해 사실상 무너졌음을 잘 알고 있었다. 워싱턴은 불과 얼마 전 영국의 크롬웰이 정당한 정부를 무너뜨리고 독재자가 된 폐해현상을 누구보다도 잘 알고 있었다. 그래서 그는 새로 탄생하는 국가는 이러한 독재의 폐해가 있어서는 안 된다고 생각했다.

정부의 형태가 명확하지는 않지만 로마 공화정과 같은 권력이 시민들에게 분산되어 있는 공화(共和)형태의 국가를 원했다. 사실 워싱턴이 불리하고 위험하기 짝이 없는 상황에서 총사령관이 되어 국가의 독립을 위해 헌신한 이유

중에 하나는 언젠가 이 나라에 그동안 어느 나라, 어느 역사에서도 볼 수 없었던 독특한 공화국 정부를 수립할 수 있으리라 기대했기 때문이었다.

그는 군의 고통스러움과 대륙의회의 무능과 주정부의 게으름은 상태가 최악으로 치달을 수 있다고 생각했다. 만약 이런 상태가 계속된다면 분명 유혈상태로 끝이 날 것이라 믿었다. 고민을 했지만 워싱턴의 선택은 단호하고 분명했다. 3월 초 워싱턴은 내란을 조장해서 끝내 유혈사태를 야기할 움직임을 한 치도 용납하지 않겠다는 내용의 편지를 해밀턴에게 보냈다.

> 나는 나의 리더십과 명예가 위협받고 있다는 사실을 모르는 바가 아닙니다. 하지만 나는 지금까지의 행동방침을 고수해 나갈 작정입니다. 현명하고 사려 깊은 병사들이라면 내가 여러 번에 걸쳐 보여 준 복무 스타일을 모를 리 없다고 확신합니다. 모반자들은 그들이 일으키는 내란의 혼란 속에 나를 몰아넣든지 아니면 나를 제쳐놓든지 간에 나와는 아무런 상관이 없는 것입니다.[20]

20) Edward G. Lengel, *General George Washington: A Military Life*, New York: Random House, pp. 345~346.

워싱턴이 생각했던 최악의 상태가 3월 10일에 뉴버그 숙영지에서 터져 나왔다. 군대 내에 익명의 유인물이 나돌기 시작했다. 장교들에게 집회를 촉구하면서 워싱턴의 권위를 무시하는 내용이었다. "좀 더 자제하고 좀 더 참으라고 충고하는 사람들을 의심하라." "만약에 평화가 선포되면 군은 해체되어 죽음만이 있을 뿐이고, 전쟁이 계속되면 장교들의 뛰어난 리더십에 따라 군이 소망하는 세상을 얻을 수 있다" 등의 내용이었다.[21]

21) "First Newburgh address," in *Journals of the Continental Congress, 1774~1789*, ed. Washington C. Ford, Washington, D.C.: GPO, 1904~1937, 24: p. 297.

반항과 불복종의 위협에 충격을 받은 워싱턴은 사태를 수습하기 위해 재빨리 행동했다. 그는 이런 행위는 "무질서한 선동행위"이며 이런 불행한 사태는 절대로 일어나서는 안 된다고 주장했다. 사태를 수습하기 위해 워싱턴은 장교들의 반항을 위한 집회 전에 자신이 주관하는 장교들의 집회를 요구했다. 하지만 또 다른 익명의 유인물이 나돌았다. "워싱턴이 장교들의 집회에 동의를 한 것은 그들의 대의에 총사령관이 동정을 보내는 것이며 군인들의 불평을 인정하는 것"이라는 내용이었다.[22]

22) George Washington, general orders, 11 March 1783.

1783년 3월 15일 토요일의 집회는 긴장이 감돌았다. 이는 아메리카 역사상 가장 중요한 집회 중의 하나였다. 독립이라는 대의를 위해 헌신한 군인들이 자신들의 이익과 권력을 위해 시민정부를 향해 총칼을 드느냐 마느냐 하는 순간이었다. 말하자면 군사 쿠데타가 일어나 내란으로 발전하느냐 마느냐 하는 순간이었다. 만약 워싱턴이 이때의 군사적 반항을 막아내지 못했다면 미국의 역사, 아니

세계의 역사는 한 참 달라졌을 것이다.

오후가 되었다. 집회에 모인 장교들은 분노로 가득 찬 눈을 하고 있었다. 워싱턴은 원래 말 수가 많지 않았다. 하지만 이날 워싱턴은 말이 많았다. 그는 작심하고 준비한 원고를 읽어내려 갔다. 병사들과 장교들의 헌신에 대해서, 또 자신이 그들을 얼마나 사랑하는 가에 대해서 말했다. 이름 모를 선동가들의 권고는 이성이 쓸모없다고 주장하는 말과 같다고 주장했다. 조금만 더 기다리면 조치가 다소 늦어지겠지만 정부는 결국 정당하게 행동할 것이라고 말했다. 그리고 내란이라는 홍수의 문을 열어서 성장하고 있는 이 나라를 피로 물들지 않도록 해 달라고 부탁했다. 그럼에도 장교들의 분노의 눈빛은 여전했다.

준비한 원고를 다 읽은 워싱턴은 잠시 당황했다. 자신도 모르게 주머니에 손을 넣은 워싱턴은 조셉 존스로부터 온 편지를 꺼냈다. 하지만 그 편지는 너무 촘촘히 쓰여 있어 워싱턴은 안경 없이 그것을 읽을 수가 없었다. 그는 주머니에서 안경을 꺼내며 인류역사상 가장 인간적이고 꾸밈없고 소박한 말 한마디를 했다.

> 여러분, 여러분들은 나를 용서해 주시기 바랍니다. 조국을 위해 봉사하는 동안 머리도 희고 이제 눈도 제대로

보이지 않으려고 합니다. 여러분 제가 안경을 쓰는 것을 용서해 주십시오."[23]

[23] James T. Flexner, *George Washington in the American Revolution 1775~1783*, Little Brown, 1967.

이 말 한마디가 소위 뉴버그 쿠데타 음모를 잠재웠다. 장교들의 분노의 눈빛은 어디론가 사라졌고 모두가 다시 대륙회의에 충성을 확인했다. 영국과 평화조약이 맺어지고 뉴욕항에 남아 있던 영국군이 본국으로 돌아가고 난 후 워싱턴은 8년 전에 대륙회의로부터 받은 권력의 상징인 칼을 반납했다. 그리고 다시 농민의 신분으로 고향 마운트버넌으로 돌아왔다.

대륙회의에서 스스로 총령사령관직을 물러나는 워싱턴

새로운 국가 공화국을 세우기 위해

 너무나 오랜만에 고향으로 돌아온 워싱턴은 모든 공직에 아무런 미련이 없었다. 이제 그는 남은 인생을 독립전쟁 이전과 같이 풍성한 수확을 거두는 농장 주인으로 이웃사람들이 의지하고 따르는 지역의 원로로 유유자적하는 생활을 하기를 원했다.

 하지만 이제 53세가 막 되어가던 워싱턴은 큰일을 치른 후 모처럼의 평온한 상태에 적응을 잘 할 수 없었다. 그는 갑자기 자신의 집안 친척들이 그렇게 장수를 하지 못한다는 사실을 느끼고 다음과 같은 글을 썼다.

> 내 손으로 직접 심은 저 나무들이 많이 자란 것을 보니 나도 그만큼 늙었고 저것들이 더욱 자라서 무성하게 되면 나는 영원히 돌아올 수 없는 몸이 되겠지. 잘 자라는 저 나무들의 은혜에 보답할 수 있도록 내가 살아 있는 한 열심히 키울 것이다.[24]

[24] 정형근 옮김, 『미국의 역사를 창조한 대통령 조지 워싱턴』, 227쪽.

 또한 그는 전쟁동안 양아들과 같이 가깝게 지냈던 라파예트(Lafayette)에게도 다음과 같은 편지를 보냈다.

> 우리 집안은 대대로 명이 짧지. 나도 얼마 안 있으면

아버지 곁으로 돌아 갈 것이오. 그렇지만 후회는 하지 않소. 내게도 전성기가 있었으니까.[25]

25) 정형근 옮김, 『미국의 역사를 창조한 대통령 조지 워싱턴』, 228쪽.

워싱턴은 잠시도 마음을 놓을 수 없었던 지난 시간에는 고향이 한없이 그리웠지만 막상 모든 공직에서 떠나 마운트버넌에서 평범한 일개 농부로 지내다보니 생각지도 못한 우울증 같은 현상이 나타났다. 마운트버넌 가까이에는 옛날 친구, 멘토, 연인이 살았던 패어팩스 가문의 대저택이 폐허가 된 채로 남아 있었다. 종종 이곳을 바라보면 우울증이 더해지는 기분이었다.

고향에서 워싱턴은 우울함을 이겨내는 방법은 다시 활발하게 활동을 하는 수밖에 없다고 생각했다. 그래서 그는 흑인 노예에게도 차별을 두지 않는 마음씨 좋은 주인, 한 가정의 든든한 가장, 이웃과 지역 사람들로부터 존경받는 원로로 생활하면서 농부, 실험가, 정원사, 실내 장식가, 상인, 지주, 서부지역 개척자, 도로와 운하 건설자 등의 다방면에서 일을 하기 시작했다.

워싱턴이 이처럼 개인적인 일에 치중한 이유는 가능한 다시는 공적인 일에 관여 하지 않으려고 하는 이유가 컸다. 하지만 이미 워싱턴은 단순한 개인적인 인물이 아니었다. 버지니아 지역 사회에서 농사를 짓고 있었지만 지난날 세계 최고의 군대를 물리치고 미국을 독립시킨 워싱턴의 위상은 또 다른 새로운 공적인 일을 하지 않을 수 없게 되어 있었다.

이미 언급했듯이 독립 후 연합정부는 대내외적으로 산재한 문제를 전혀 해결하지 못하는 무능과 비효율 그 자체였다. 대외적으로는 비록 영국과 평화를 회복했지만 아직도 막강한 영국군은 오대호 주변에서 주둔하고 있었고, 스페인은 플로리다를 장악하여 미국의 미시시피 강의 이용을 방해하고 있었다. 대내적으로는 엄청난 부채로 더 이상의 공적인 기관으로서의 신뢰를 확보하지 못하고 있었다. 전시에 발행한 공채의 상환기일이 다가왔고 군인들에게 약속했던 밀린 봉급은 물론 연금을 줄 수 없는 입장이었다.[26]

이러한 대내외적으로 산재한 연합정부의 어려움을 해결하기 위해 버지니아 주지사 패트릭 헨리 (Patrick henry)의 주선으로 회의가 소집되었다. 우여곡절 끝에 1786년 9월 메릴랜드 주 아나폴리스에서 회의가 개최되었으나 13개 주 중 고작 5개 주만 대표를 파견했을 뿐이었다. 13개 주의 공동의 이익과 공존을 위해 통일적인 규약을 만들고자 이 회의는 하는 둥 마는 둥 되어버렸다. 결국 뉴욕 주 대표로 참석한 해밀턴의 주장으로 다음 해 5월에 필라델피아에서 또 다른 회의를 개최하여 아메리카 합중국

[26] 이에 대한 자세한 설명은 조지형, 『대통령의 탄생』, 서울: 살림, 2008, 44-45쪽에 잘 설명되어 있다.

에 연방정부 헌법을 부여하자는 결정을 내렸다. 이때까지만 해도 워싱턴은 버지니아의 대표가 아니었고 본인 스스로 추호도 어떠한 공직도 맞지 않을 것이라 다짐했고 가능한 공적인 일에 더 이상 개입하고 싶지 않았다. 그래서 워싱턴은 아나폴리스 회의 때까지만 해도 회의의 정식적인 대표가 아니었다. 단지 워싱턴은 이 회의에서 13개 주의 이익을 고려하는 단순한 통상규정만을 논의할 것이 아니라 그 이상의 것, 가령 중앙정부에 대한 논의가 이루어지기를 기대했다.

그러나 1786년 후반에 워싱턴으로 하여금 단순한 기대에서 적극적으로 연방정부를 구성하는 일에 참여하도록 하는 사건이 발생했다. 소위 '셰이즈의 반란(Shays' Rebellion)'이 그것인데 농부로 독립전쟁에 참가해 대령을 지낸 대니얼 셰이즈(Daniel Shays)가 주동자가 되어 전후 어려워진 경제사정에 불만을 품고 반란을 일으켰다. 매사추세츠 서부지역에서 시작된 이 반란은 폭도들의 토지에 설정된 저당권을 없애라고 법원을 위협했고 떼를 지어 대륙군의 병기고를 위협했다. 폭도들이 매사추세츠를 넘어 인접한 펜실베이니아와 뉴욕 등의 동조세력들과 연합을 구성할 경우 그 수가 1만 2,000명에서 1만 5,000명이 넘을 것이라는 소문이 나돌았다. 이 소식을 접한 대륙회의 관계자들은 물론 누구보다 워싱턴은 단순한 불안을 넘어 공포를 느끼지 않을 수가 없었다. 더더욱 사태파악을 위해 파견된 대륙회의의 육군 장관인 헨리 녹스가 조사를 마친 후 다소 과장된 보고서를 워싱턴에게 보냈다.

> 폭도들은 자신들의 모든 빚이 탕감되어야 하고, 지난 전쟁에서 시민들 모두가 영국군과 싸워 이 땅을 지켰기 때문에 모든 토지의 소유권이 시민들에게 있고, 자신들의 이러한 주장에 반대하는 사람은 누구를 막론하고 이 지구 상에서 영원히 사라져야 한다고 주장한다.[27]

[27] A. Ward Burian, *George Washington's Legacy of Leadership*, Morgan James Publishing, pp. 210~212.

이 사건을 보고 워싱턴은 절망했다. 워싱턴은 전쟁 후 자신만의 안위를 위해 너무 오랫동안 칩거한 것이 아닌가 걱정이 되었다. 만약 셰이즈의 반란이 확산된다면, 이와 같은 성격의 또 다른 반란이 일어난다면 그동안 꿈꾸었던 국민이 주인이 되는 공화국에 대한 생각은 한낱 이상적인 것에 불과하게 될 것이라 생각했다. 셰이즈의 반란은 매사추세츠 주의 소규모 용병 진압군이 나서게 되자 갑자기 반란군의 세력이 약화되었다. 하지만 국가의 취약점이 노골적으로 들어난 상태에서 국민들은 물론 워싱턴을 비롯한 소위 '건국의 아버지'들은 놀라움과 불안감을 좀처럼 가눌 길이 없었다. 이러한 상태 속에서 필라델피아 회의는 그 중대함이 중대되어 헌법을 만드는 제헌회의로 격상되었다.

새로운 사태가 전개되자 워싱턴은 그토록 원했던 은둔생활을 정리하지 않을 수가 없었다. 버지니아인들 뿐만 아니라 13개 주의 대부분의 사람들은 워싱턴이야말로 이 중대한 회의에 반드시 참석해야한다고 생각했다. 하지만 워싱턴은 몇 가지 문제로 번민했다. 우선 다시는 공직에 나가지 않겠다고 했는데 이제 와서 다시 나가게 되면 사람들의 시선이 곱지 않을 것이라는 생각, 그렇다고 이런 중대한 상황에서 은둔생활을 계속하면 사람들은 자신이 왕이 될 목적으로 아메리카가 공화국으로 발전하는 것을 협조하지 않는다고 볼 수 있다는 생각, 그리고 무엇보다 사랑하는 아내의 공직활동에 대한 적극적인 반대가 워싱턴을 번민상태에 빠지게 했다.

하지만 워싱턴의 번민은 오래가지 않았다. 워싱턴은 국가의 원로로써 이 제헌회의가 이제 막 시작하는 나라의 기틀을 잡아주고 결코 이 나라가 무정부 상태로 가지 않는다는 것을 대외적으로 증명할 필요가 있었다. 그래서 그는 더 이상의 망설임도 번민도 던져 버리고 국가의 기틀을 잡는 제헌회의에 적극적으로 참석했다.

워싱턴이 제헌회의에 참석하기로 한 것은 그가 독립전쟁을 승리로 이끈 만큼 중요한 의의를 가지고 있었다. 당시의 사회지도층들은 물론 대부분의 사람들은 독립전쟁을 승리로 이끈 워싱턴이 국가의 기틀을 세우는 일에 다시 한 번 헌신해 주기를 간절히 바라고 있었지만 이미 워싱턴은 더 이상 공직에 나가지 않을 것이라고 믿고 있었기 때문이었다. 그래서 워싱턴의 최종결심은 아메리카인들에게 많은 영향을 주었다. 워싱턴의 이 결심이 얼마나 중요했는가는 매디슨이 제퍼슨에게 보낸 편지에서 알 수 있다.

> 나라를 위해 많은 업적을 남기신 그분에게 더 이상 희생을 요구할 수 없는 입장임에도 명예로운 은둔생활을 포기하며, 또 지금까지의 명성에 흠집이 생길 수도 있을 텐데, 이번 회의에 참석하신다니 이것은 그분이 우리 국민들을 얼마나 생각하고 계신지를 극명하게 보여 주는 것입니다.[28]

[28] 정형근 옮김, 『미국의 역사를 창조한 대통령 조지 워싱턴』, 249쪽.

워싱턴은 1787년 5월 13일 필라델피아에 도착했다. 각 주의 대표들이 이전 아나폴리스 회의와 달리 이번 필라델피아 회의에는 거의 모두 참석했다. 워싱턴과 함께 각 주의 대표들은 회의를 하기에 앞서 '견제와 균형'이 보장된 강력한 중앙정부를 세워야 한다는 합의를 했다. 이때 프랑스주재 대사를 하고 있었던 제퍼슨, 영국주재 공사를 하고 있었던 애덤스, 그리고 새로운 헌법의 제정 자체를 반대한 패트릭 헨리와 새뮤얼 애덤스 등이 참석을 하지 않은 명사들이었다.

1787년 제헌의회에서 사회자로 임명되는 워싱턴

5월 25일에 참석한 각 주 대표들이 워싱턴을 이 회의의 사회자로 임명하였다. 한 개 주에 한 표를 행사하는 것을 원칙으로 한 필라델피아 회의는 헌법을 어떻게 만들고 어떤 내용을 포함시킬 것인가를 놓고 많은 토론을 전개했다. 하지만 워싱턴은 의장으로 만약 자신이 이 토론에 개입하게 되면 적절치 못한 영향력이 행사될 수 있어 일절 개입하지 않고 의사만 진행했다. 5일 동안의 난상토론 끝에 타협과 협조가 이루어졌다. 연합규약을 없애고 새로운 중앙정부를 수립을 하기로 합의를 보았다. 헌법의 구성 내용을 토론 하면서 인구수가 큰 주와 작은 주가 서로의 이견이 컸지만 결국은 타협안이 도출되었다. 이런 과정에서 워싱턴의 영향력이 쉼 없이 발휘되었다. 의장인 워싱턴은 각 주 대표들과 타협의 정신에 입각해서 서로가 어떤 조항에 반대를 했는지 지적하지 않기로 합의했다. 워싱턴이 버지니아 대표들은 물론 여러 주의 대표들에게 보낸 편지에는 타협과 협조의 정신이 얼마나 중요한가를 보여준다.

> 헌법 조항 중에서 잘된 부분과 그렇지 못한 부분을 여러분들은 판단할 수 있을 것이며, 여러 주에 팽배해 있는 복잡한 이해관계와 지역감정을 조정하는 과정에서 얼마나 어려웠던가를 직접 경험해 보셨기 때문에 더 이상의 설명은 필요 없을 것입니다. 제안된 헌법이 완벽하게 만들어졌기를 바라지만 현시점에서는 이것이 최선의 방안이라고 확신하며 차후 수정이 가능하기 때문에 현재 연방의 상황에서는 헌법의 수용을 승인하는 것이 바람직하다고 생각합니다.[29]

29) 정형근 옮김, 『미국의 역사를 창조한 대통령 조지 워싱턴』, 255쪽.

일단 헌법이 만들어지자 이제 비준이 문제였다. 헌법을 비준할 것인가 말 것인가를 놓고 무수한 찬반논란이 쏟아졌다. 비준을 반대하는 사람들은 강력한 중앙정부는 전제

정치와 다를 바가 없다고 주장했다. 하지만 비준을 놓고 벌어진 논란은 해밀턴, 매디슨, 존 제이 등이 쓴 팸플릿인 ≪연방주의자(The Federalist)≫에 수렴되어 나타났다. 그리고 워싱턴을 비롯한 건국의 아버지들은 이 팸플릿의 내용에 대부분 공감했다.

> 이 헌법은 진실로 국민들의 정부로 구성되어 있다. 다시 말하면 모든 권력은 국민들로부터 나오고, 일정한 기간 동안에는 모든 권력이 국민에게 되돌아간다는 것이다. 그리고 운용에 있어서는 국민들만의 진정한 대표자를 만들고, 국민들에 의해 집행되는 법률의 정부를 의미한다. 현재까지 존재했던 정부 가운데 이렇게 많은 견제장치와 효과적인 제한 수단을 두어 정부가 폭압의 수단으로 변질되는 것을 막은 예는 없다고 자신 있게 말 할 수 있다.[30]

30) 정형근 옮김, 『미국의 역사를 창조한 대통령 조지 워싱턴』, 255-256쪽.

워싱턴은 새롭게 만들어진 헌법이 비준되기를 간절히 바랬다. 토론의 과정에 몇 번이고 참가하고 싶었지만 워싱턴은 그렇게 하지 않았다. 워싱턴은 그것이 최선이라고 생각했다. 사실 영향력이 다른 누구보다도 위에 있었던 그가 어느 사안을 놓고 논쟁을 벌이게 되면 그 사안을 제대로 다룰 수 없는 결과를 나을 수 있었다. 워싱턴은 바로 이런 점을 우려했고 그래서 그는 끝까지 중립을 지켰다.

우여곡절 끝에 헌법이 비준되었다. 사실 많은 시민들이 왕정체제의 전제정치의 폐해현상을 알고 있었기 때문에 대통령의 막강한 권한을 우려했다. 하지만 초대 대통령으로서의 적임자는 다름 아닌 워싱턴이라는 생각에 그들은 안심했다.

제임스 먼로가 제퍼슨에게 보낸 편지에서 헌법이 만들어지고 그것이 효력을 발휘하는 과정에서 워싱턴의 역할이 얼마나 중요했는가를 볼 수 있다. "확신 하건데 워싱턴 그분의 영향력 덕분에 우리 정부가 탄생했습니다."[31]

[31] 정형근 옮김, 『미국의 역사를 창조한 대통령 조지 워싱턴』, 257쪽.

초대 대통령 3장

위대한 첫 단추

위대한 첫 단추

국민이 뽑은 최초의 대통령

인류의 문명이 만들어지고 난 후 왕이나 군주, 혹은 소수의 지배계층이 아닌 국민들 스스로가 자신들의 리더를 선택할 수 있게 된 경우는 새로 탄생한 미국이 처음이었다. 이것이야말로 인류의 역사를 바꾸는 위대한 전환점이었다.

오늘날 많은 사람들이 이제 200년을 갓 넘긴 미국이 어떻게 하여 세계 최고의 강대국이자 선진국이 되었는가?를 궁금해 하고 있다. 여기에는 여러 가지 이유가 있겠지만 가장 간과

워싱턴의 대통령 취임사. 워싱턴은 좋은 리더가 되겠다고 맹세

할 수 없는 것은 처음부터 미국인은 자신들의 운명을 자신들 스스로가 결정하는 자유인으로 시작을 했다는 사실이다.

침범할 수 없는 견고한 헌법을 통해 국민이 주인이 되는 그런 나라로 출발했기 때문이다.

스스로 자신의 운명을 결정한 사람들이 뽑은 최초의 대통령은 다름 아닌 조지 워싱턴이었다. 하지만 당시의 대통령 선거전은 오늘날과 같이 장기적으로 지속되지 않았다. 그래서 어떻게 보면 아주 이상하게 보일지 모르지만 미국의 초대 대통령은 오늘날처럼 대통령 후보로 지명되거나 대통령 후보가 되지도 않았다. 미국 최초이자 지구상 최초인 국민들 스스로가 자신들의 리더를 뽑는 1788년에는 정치적으로 논쟁을 제기하는 상대 정당이 없었을 뿐만 아니라 전당대회나 당 간부회의를 통한 지명도 없었으며 따라서 대통령이 되기 위한 선거운동도 없었다. 단지 각 주의 선거인단이 구성되어 그들이 1789년 2월 4일 뉴욕시에서 만났다. 그리고 여기에서 워싱턴을 만장일치로 대통령으로 추대했다.

그러나 당시의 헌법조항에 따르면 한 명의 대의원이 동시에 두 사람에게 투표를 해야 했다. 여기에서 가장 많은 표를 받는 사람이 대통령이 되고 그 다음의 많은 표를 받는 사람이 부통령이 되는 것으로 되어 있었다. 그래서 워싱턴은 선거인단 정족수 69표의 만장일치의 표를 받아 대통령이 되었고 존 애덤스(John Adams)는 39표를 받아 부통령이 되었다.

정부를 구성하고 국내의 복잡하고 어려운 문제들을 처리한 후 첫 번째 임기가 끝나갈 무렵 워싱턴은 이제야말로 공직을 떠나 진정으로 고향으로 돌아가고자 했다. 하지만 산재해 있는 외교문제들과, 핵심참모들의 끈질기고 간곡한 부탁에 워싱턴은 하는 수 없이 또 한 번의 대통령직을 수행하기로 결정했다.

두 번째 대통령 선거 때에도 워싱턴은 만장일치로 대통령에 추대되었다. 그러나 그의 정책 중 일부에 대해 다양한 반대의견이 표출되었다. 특히 당시 재무장관 알렉산더 해밀턴에 의해 추진된 정책에 있어서 반대가 심했다. 이러한 반대는 토머스 제퍼슨, 버지니아의 매디슨, 뉴욕의 아론 버와 조지 클린턴 등으로부터 주도되었다. 그들은 존 애덤스를 공격의 주요 목표로 삼고 부통령에서 그를 탈락시키려고 했지만 성공하지 못했다. 그럼에도 워싱턴은 선거인단 132표를 얻어 대통령에 쉽게 재선되었다.

대통령 취임을 위해 마운트버넌을 떠나 북쪽으로 향한 워싱턴의 여행은 환호로 가득 찬 행렬이었다. 그가 지나가는 도시와 마을 마다 축하연이 열렸으며 노래와 축하행렬이 어우러졌다. 축하 행렬은 그가 의식행사에 적합한 바지선을 타고 뉴욕 항을 지날 때 대포소리가 요란하게 울리며 물보라가 요동치는 것과 함께 절정에 달했다. 그러나 워싱턴은 자신이 대통령이 된 것에 우쭐되거나 고무되지 않았다. 그는 여행을 출발하기에 앞서 마치 자신은 "사형장으로 끌려가는 범죄자"와 같은 기분이라고 고백했다.

사실 워싱턴은 1789년 4월 30일 취임을 하고 난 이후에도 비록 임기가 헌법에 명시되어 있기는 했지만 자신은 잠깐만(아마도 1년 혹은 2년) 대통령직을 수행하리라 단순히 생각했다. 그러나 새로운 정부가 세워지고 그 정부의 새로운 방향과 기능이 작용하게 되자 워싱턴은 자신의 생각이 잘못되었다는 것을 인식했다. 특히 부통령 존 애덤스와 다른 참모들이 무엇을 해야 하는가에 대해 자신에게 계속된 주문을 하게 되자 워싱턴은 14년 전 독립전쟁을 출정하는 총사령관의 심정으로 다시 돌아가지 않을 수가 없었다. 워싱턴은 다시 한 번 자신이 소중히 여기는 킨키나투스의 형상을 생각하고 행동했다. 워싱턴은 다시 한 번 국가를 위해 잠시 쟁기를 내려놓았다.

워싱턴은 지금 이 일은 지금까지의 모든 역사를 변화시킬지 모른다고 생각했다. 그는 이때의 심정을 취임식에 참석하기 위해 모여든 사람들에게 다음과 같이 말했다.

이 성스러운 자유의 횃불이 계속 탈 수 있을지, 미국인들에 의한 공화국 정부가 존속할 수 있는가 하는 위대한 실험이 성공할 수 있을지 걱정입니다. 오랜 역사를 통해 인간은 스스로를 지배할 수 없고 자신의 주인도 될 수 없다고 주장해 왔습니다. 이런 주장은 유럽은 물론 전 세계에서 지배자들에 의해 너무나 당연한 것으로 받아들여져 왔습니다. 만일 이 위대한 실험이 성공한다면 이들의 주장이 잘못되었음을 세상과 자손들에게 보여줄 수 있을 것입니다. 반면, 이 실험이 실패하면 이들의 주장이 옳다는 것을 보여 주는 것입니다. 나의 능력 부족과 잘못된 판단으로 이 실험이 실패하면 그 죄는 너무나 무거울 것입니다.[1]

1) 정형근 옮김, 『미국의 역사를 창조한 대통령 조지 워싱턴』, 서울: 고려원, 1995, 78쪽.

워싱턴은 아무런 선례도 없고 세계 그 어느 곳에서 실험해 보지 않은 새롭게 탄생한 정부를 성공적으로 이끌어야 한다는 압력이 너무나 크게 다가옴을 느꼈다.

취임식 날 13발(13개주를 상징)의 대포 소리가 뉴욕 시민들을 흔들어 깨었다. 연이어 터지는 대포 소리가 새벽을 뒤흔들었다. 이 대포 소리를 들은 대부분의 사람들은 이것이 경의를 표하는 것임을 이해했고 모두가 기쁜 마음으로 환영했다. 이날은 조지 워싱턴이 미국 최초의 대통령에 취임하기 위해 선서를 하기로 한 날이었다. 교회의 종소리가 요란히 울리고 기쁜 마음에 흥분한 뉴욕 시민들이 체리 거리에 있는 워싱턴의 집으로 모여들었을 때 워싱턴은 자신의 일생에서 가장 중요한 일을 할 준비를 했다. 그는 얼굴에 분을 바르고 코네티컷에서 만든 갈색 양복을 차려 입었다. 하얀색 실크로 만든 스타킹을 신고 은으로 만든 버클이 달린 구두를 신었다. 그리고 마지막으로 칼집에 빛나는 칼을 꽂았다.

오후가 되자 여러 의원들이 워싱턴을 임시 정부 청사로 쓰고 있는 연방 건물[2]로 안내하기 위해 체리 거리에 도착했다. 이제 미국은 민주주의의 위대한 실험을 막 시작하려는 준비를 마쳤다. 많은 군중들이 큰 마차를 오르는 대통령 당선자를 지켜보았다. 당선자가 탄 마차는 좋은 말 네 마리가 이끌었다. 군중들이 그를 좀 더 가까이에서 보기 위해 다가섰고 밴드가 애국적인 분위기를 내는 음악을 연주했다. 연방 건물 외부에는 민병대들이 경계를 섰다. 워싱턴은 마차에서 내려와 기둥이 즐비하고 계단이 있는 그 건물 안으로 걸어 들어갔다.

[2] 당시 워싱턴 D.C.는 존재하지 않았다.

부통령이 된 존 애덤스가 워싱턴에게 다가와 다음과 같이 말했다. "각하, 연방 상원과 연방 하원은 헌법이 요구하는 맹세를 할 당신을 기다리고 있습니다" 이에 워싱턴은 "나는 그럴 준비가 다 되었습니다"라고 대답했다. 애덤스는 거리와 광장이 내려다보이는 작은 발코니로 난 길로 워싱턴을 안내했다. 워싱턴이 군중 앞으로 다가서자 거대한 환영의 소리가 울려 퍼졌다. 건물 아래까지 환호하는 국민들이 거리를 가득 매웠다. 국민들은 건너편 빌딩 지붕에도 창문에도 가득했다. 워싱턴은 고개를 숙여 여러 번 인사를 하고 가슴에 손을 대고 감사를 표했다. 뉴욕 재판소장인 로버트 리빙스턴(Robert R. Livingston)이 한 발짝 앞으로 나와 워싱턴과 마주했다. 두 사람 사이에서 상원 의장 새뮤얼 오티스(Samuel Otis)가 붉은색 벨벳 쿠션 위에 급하게 가져온 성경을 올려놓았다.

워싱턴이 오른손을 성경 위에 올려놓자 리빙스턴은 다음과 같이 물었다. "당신은 성실하게 미국의 대통령직을 수행하고 당신의 능력을 다해 미국의 헌법을 보존하고, 보호하고, 지킬 것을 엄숙히 맹세합니까?" 이에 워싱턴은 리빙스턴이 언급한 말을 반복하며 "나는 엄숙히 맹세합니다"라고 대답했다. 그리고 마지막에 그는 "하나님이 나를 도와주시기를"이라고 말하고 고개를 숙여 성경에 입을 맞추었다.[3]

건물 아래에 모여 있는 군중들을 향해 리빙스턴이 말했다. "이제 다 되었습니다. 미국 대통령, 조지 워싱턴 만세!"라고 외쳤다.

사람들도 엄청난 환호와 함께 만세를 외쳤다. 미국의 국기가 연방 건물 꼭대기에 게양되

---

3) 취임식에 성경이 준비되어 있지 않았었는데, 워싱턴과 함께 프리메이슨 단원이었던 리빙스턴이 연방건물 근처에 있는 Saint John's프리메이슨 지부에 성경이 하나 있다는 것을 알고 이를 가져오게 해 창세기 어느 곳을 펼쳐 워싱턴으로 하여금 손을 올리게 했다. 그 후 이 성경은 하딩, 아이젠하워, 카터, 그리고 F. H. W. 부시가 취임할 때 사용되었다.

자 거리거리마다 환호의 소리는 더 높아졌다. 항구에 정박해 있는 함선에서도 연속적으로 축포를 쏘았다. 그 도시의 교회의 종소리는 다른 소리로 인하여 오히려 작게 들렸다.

미국 최초의 대통령이 연방 상원을 들어가면서 여러 번 인사를 했다. 대통령이 되어 그가 의회에서 취임 연설을 해야 하는 것이 의무였다. 미리 준비한 원고를 이 손에서 저 손으로 옮기는 모습의 워싱턴이 감정에 동요되는 모습이었다. 그의 목소리가 너무 작아 소리를 듣기 위해서 의원들이 허리를 앞쪽으로 숙여야만 했다. 상원의원 윌리엄 매클레이(William Maclay)는 "이 위대한 사람이 이전에 대포와 총 앞에서 보여 주었던 그 어떤 모습 보다 더욱 동요하고 당황했다. 그는 떨었고 원고를 읽으면서 여러 번 더듬거렸다"라고 말했다.[4]

4) Jared Sparks, *The Life of George Washington*, Little Brown, 1860, p. 110

취임 연설에서 워싱턴은 미국 국민들은 그들 스스로가 결정한 정부 아래에서 '자유와 행복'을 추구할 것을 주문했다. 워싱턴이 사용한 정직한 말의 힘이 그곳에 있는 많은 사람들에게 눈물나는 감동을 주었다. 취임 행사를 뒤이어 워싱턴은 브로드웨이를 걸어 올라가 성 바울 교회에서 열리는 예배에 참석했다. 그 도중에 수많은 군중들을 지나면서 그들과 민병대원들에게 인사를 했다. 저녁에 그는 시 전체가 축하를 하고 있는 모습을 지켜보았다. 축하 행렬이 연이어 거리를 지나갔다. 큰 횃불이 비췄고 형형색색의 불꽃이 하늘을 물들였다. 이렇게 보여 주는 자긍심과 사랑에 감동을 받은 워싱턴은 한편으로 너무나 무거운 짐을 지는 것이라 생각했다. 그는 친구에게 다음과 같은 편지를 썼다. "나는 우리 국민들이 나에게 너무나 많은 것을 기대하는 것 같아 정말 두렵습니다."5)

5) Sparks, The Life of George Washington, p. 110.

미국 국민들이 워싱턴에게 강한 믿음을 가지고 있었던 것은 사실이다. 그러나 그보다 그들의 희망과 꿈을 잘 채워 줄 수 있는 사람은 아무도 없었다. 미국 혁명의 상징으로서 워싱턴은 국가를 자유를 향한 반석의 길로 이끌어 왔다. 이제 대통령으로서 그는 미국을 보다 위대한 길로 여행을 시작하도록 해야 한다는 것을 알고 있었다. 그리고 국민들은 워싱턴을 그들의 리더로 받아들였다. 역사가 데이비드 매클라프(David McCullough)는 2006년 유타 주의 '브리검 영' 대학 특강에서 다음과 같이 말했다.

워싱턴은 애덤스, 제퍼슨, 프랭클린, 해밀턴과 같은 배운 사람이 아니었다. 그는 지식인도 아니었다. 또한 그는 버지니아의 친구 패트릭 헨리(Patrick Henry)와 같이 뛰어난 연설가도 아니었다. 워싱턴은 무엇보다도 리더였다. 그는 사람들이 따르는 리더였다.6)

6) David McCullough, "The Glorious Cause of America" speech at Brigham Young University, September 27, 2005.

막상 대통령에 취임하고 나자 복잡한 여러 문제가 제기되었다. 워싱턴은 새로운 직책인 대통령으로서의 처신을 어떻게 해야 하는가부터 시작해서 적절한 업무스타일을 어떻게 규정해가야 하는가까지 아무런 지침도 없었다. 워싱턴은 곧 자신 이후에 오는 대통령들의 선례가 된다는 것을 누구보다도 더 잘 알고 있었기 때문에 적절한 처신과 업무스타일을 신중히 선택했다.

대통령이 되고 난 후 워싱턴은 사소하지만 중요한 의미가 있는 여러 문제들의 홍수에 휩싸였다. 대중에게 자신을 노출시키지 않을 것인가? 자신이 얼마나 대중들과 만날까? 자신의 업무를 매일 아침 8시에 시작할 것인가? 자신이 의원 및 국가 주요 인사들과 정기적으로 저녁 만찬을 할 것인가? 자신이 주인으로서 국가적 차원의 만찬을 주관할 것인가? 개인적으로 알고 지내는 사람을 초대해도 되는가? 대통령이 미국 여행을 할 것인가? 대통령직을 군주나 왕과 같은 이미지로 수행할 것인가? 아니면 더욱 대중적인 이미지로 접근할 것인가? 해밀턴은 철저하리만큼 엄숙한 영국의 궁정스타일을 선호했다. 이에 비해 부통령 애덤스는 보다 대중적인 업무 스타일을 선호했다. 이에 워싱턴은 두 사람의 의견을 존중하여 그 중간을 선택했다.

1789년 봄에는 우려할만한 걱정거리가 많이 있었다. 워싱턴 행정부는 특히 두 가지의 어려운 문제에 직면해 있었고 또 다른 문제가 생겨나고 있었다. 첫째 문제는 대통령이 최초로 등장한 유일한 직책이라는 점이었다.

그래서 대통령이 정확하게 무엇을 해야만 하는가?가 문제되었다. 연방헌법은 대통령에게 소위 "행정 권한(executive power)"을 주었는데 이는 주로 외교와 군사에 관계되는 것에 한정되었다. 그러나 이와 관련하여서는 아직까지도 세부적인 면에 있어 많은 논란이 있다. 대통령은 "상원의 충고와 동의 따라" 외교적인 조약을 맺을 수 있었다. 이것은 대통령이 외국과 교섭을 하기에 앞서 공식적으로 그들과 의견을 조율할 수 있다는 의미인가?가 분명치 않았다.

한 예로 1789년 8월에 워싱턴은 연방 상원에 등원하여 의원들에게 대통령인 자신이 인디언 크리크족에게 무엇을 제안할 수 있는지에 대해 물었다. 이에 상원의원들은 대통령에게 그 어떤 소리도 들리지 않을 정도의 수많은 질문을 퍼부었다. 결국 조율을 하고자 했던 토론은 수렁으로 빠졌고 워싱턴은 공개적으로 불쾌함을 표하고 곧 그곳을 떠났다(이는 몹시도 신중한 워싱턴이 화를 낸 몇 안 되는 사례이다). 워싱턴은 하루 뒤에 다시 상원으로 돌아왔지만 그는 결코 의원들과 이 문제를 놓고 의견을 주고받지 않았다. 당시 상황을 지켜본 한 사람이 "내가 만약 이곳을 다시 찾는

다면 정말 나는 형편없는 사람이 될 것이다"고 말하는 대통령을 회상했다. 이는 워싱턴 이후의 대통령들이 따른 하나의 선례가 되었다.

워싱턴은 역시 대통령 신분에 적합한 전례를 구축해야만 했다. 매 주마다 열리는 대통령 주관 리셉션에서 그는 여러 가지 경직된 태도를 부드럽게 만들어 가고자 노력했다. 대통령으로서 그는 독립한 13개주의 그 어디라도 자유롭게 방문할 수 있었고 또 자주 방문했다(사실 18세기 미국의 여러 건물에 붙어 있는 글은 "워싱턴이 여기에서 잠을 잤다"였다).

아직 신권(神權, divine right)이 지배하던 시대에 그는 공화국의 일원으로서의 권한에 대한 기본 틀을 구상했다. 일단 이것이 구상되고 나자 그는 신념을 가지고 이를 실천해 가야만 했다. 인류의 고대 역사를 잘 알고 있었던 당시의 많은 미국인들은 야심에 불타는 여러 폭군들이 공화국을 쇠퇴하게 만들었다고 알고 있었다. 이를 잘 알고 있었던 워싱턴은 대통령으로서의 전례를 세워야 했으며 그것을 실행해야만 했다.

워싱턴이 직면한 두 번째 문제는 갓 탄생한 미국의 취약한 재정문제였다. 앞에서 살펴보았듯이 이것이 문제가 된 지는 이미 오래 되었다. 영국으로부터 독립을 위해 혁명전쟁을 치루는 동안 총사령관으로서 그는 보급품이 형편없는 상태로 전투를 했으며 군인들의 급료를 자주 유예하는 경우가 많다는 것을 알았다. 이때 진 부채를 상환하기 위한 독립 후의 노력은 국가세금을 크게 증대시켰으며 특히 여러 농촌지역의 불만을 쌓게 만들었다. 심지어 정부는 돌아오는 지불 청구서에 상환도 다 할 수가 없었다. 1789년 미국의 채권 가격은 유럽 금융사장 액면가의 25%보다 더 낮게 거래 되었다.

대부분의 건국의 아버지들은 대농장주이거나 법률가였다. 따라서 이들은 상업행위에 대한 이해가 턱없이 부족했고 특히 금융문제와 관련해서는 더욱 그러했다. 존 애덤스와 토머스 제퍼슨은 은행이나 은행 업무에 대해 발언해야 하는 상황이 올 때마다 몹시도 힘들어했다. 워싱턴 역시 재정문제에 대해서는 건국 아버지들의 무지와 큰 차이가 없었다. 그러나 혁명기의 경험으로부터 워싱턴은 부채문제는 단호하고 대담한 해결책을 필요로 한다는 것을 알게 되었다. 이를 위해 워싱턴은 전쟁 후 쿠데타 주도에 미지근했던 자신에게 실망을 하고 떠나버린 대령 출신의 알렉산더 해밀턴을 다시 불렀다. 워싱턴은 해밀턴을 초대 재무장관에 임명하여 그로 하여금 복잡한 재정문제를 타개하도록 했다. 이런 점에서 워싱턴은 위대한 리더십의 자질을 갖추고 있었다. 그는 무엇이 정치이고, 무엇이 전쟁인가를 알고 있었고, 언제 다른 사람을 믿고 그들에게 협조를 구해야하는가를 알고 있었다.

증류주에 따르는 소비세를 포함한 해밀턴의 경제 프로그램으로 인하여 1794년 애팔래치아 변경지역에서 위스키 반란(the Whiskey Rebellion)이 일어났을 때 워싱턴은 자신의 재능을 십분 발휘하여 이 문제를 해결했다. 위스키 반란자들은 이러한 억압적인 세금은 거부하는 것이 정당하다고 생각했다. 그러나 워싱턴은 적합하게 만들어진 법에 대한 위반은 공화국 정부에 대한 위반행위로 보았다. 워싱턴은 "만약 소수가 다수를 명령하고 지시하게 된다면 모든 법은 무용지물이 될 것이고 모든 사람은 자기마음대로 행동하게 될 것이다"고 썼다. 곧바로 워싱턴은 반란이 일어나는 지역에 군대를 파견했다. 이때 그는 1776년 독립을 위해 델라웨어를 가로질러 갔던 군인 수에 무려 5배나 많은 군인을 파견했다. 결과적으로 이러한 막강한 군대의 파견은 자칫 더 생겨날 수도 있었던 유혈사태를 미연에 방지했다. 이제 좋은 정부와 좋은 재정이 확보되었다. 1795년 해밀턴이 재무장관에서 물러날 때 미국의 공공 채권은 액면가의 110%로 거래되었다.

워싱턴 행정부가 직면한 세 번째 문제는 그가 첫 취임을 하고 세 달이 지난 후에 일어났는데 바로 프랑스의 바스티유감옥의 붕괴와 함께 시작되었다. 엄청난 유혈사태가 일어났음에도 불구하고 초창기에 프랑스 혁명은 자유적 입헌주의를 위한 노력으로 보였다. 워싱턴이 이상적인 동지로 생각한 라파예트는 프랑스 혁명 초기 지도자 중 한사람이었고 『상식론(Common Sense)』의 저자 토마스 페인(Thomas Paine)은 프랑스 입법부의 의원으로 당선되었다. 그러나 1794년에 이르러 혁명중인 프랑스에서는 전혀 이상적이지 않은 일들이 일어나기 시작했다. 라파예트는 추방되었고, 페인은 투옥되었으며, 수많은 사람의 생명을 앗아가는 길로틴이 무자비하게 가동되었다.

결국 프랑스 혁명은 유럽 강대국들의 25년간에 걸친 전쟁을 야기 시키게 되었다. 영국과 프랑스 두 핵심 교전국은 오래 전부터 서로가 미국을 동맹국으로 삼고자 했다. 영국은 전에는 식민지 종주국이었지만 이제는 중요한 무역 파트너가 되어있었다. 프랑스는 미국이 독립할 당시에 동지였으며 프랑스의 이념(자유, 평등)이 실현된 곳으로 생각했다. 강대국들의 갈등 와중에 워싱턴이 견지한 핵심 원리는 신생국 미국이 피해를 입는 길을 피하고자 하는 것이었다. 그래서 그는 효과적으로 중립을 선언하는 성명서를 발표했다. 비록 워싱턴이 말을 아끼는 노력은 했지만 이는 프랑스에 대한 미국의 의무를 일축하도록 해주었다. 프랑스의 거만한 외교관이었던 에드몬드 찰스 제넷(Edmond-Charles Genet)이 '사민들'이 대통령을 압도해야한다고 말했을 때 워싱턴은 말을 아껴 제넷이 더 많은 실수를 하도록 했고 결국 그가 프랑스로 소환되도록 만들었다.

워싱턴은 영국과 혁명전쟁 동안에 매듭지어지지 않고 남아 있었던 문제를 해결하기 위해 새로운 협정을 추진했는데 이 일은 의회를 통해 일을 성사시켰다. 두 번의 임기를 마치는 시점에 세 번째 임기를 원하는 요구를 물리치고 소위 '고별연설'을 하면서 워싱턴은 "우리는 우리의 이익을 고려하여 평화든 전쟁이든 정의가 명하는 바에 따라 마음대로 선택할 수 있게 될 것"이라 예측했다. 또한 그는 "외부 세계의 그 어떤 지역과도 항구적인 동맹관계를 피하는 것이 우리의 진정한 정책"이라고 선언했다.

외국과의 전쟁은 역시 국내적으로 갈등을 일으키게 한 핵심 문제였다. 서로 다른 양편에서 자리를 잡고 열광하는 권투 팬과 같이 미국인들은 편을 갈라 서로 다른 입장을 지지했다. 최초의 국무장관인 토머스 제퍼슨은 프랑스 혁명에 대한 견해를 두 가지의 의미—낙천적이고 피에 굶주린—를 가진 단어인 'sanguine'으로 표현했다. 그는 이에 대해 "이것은 실패한 혁명으로 보일 수도 있다. 내가 보기에 프랑스가 반 이상 초토화되어 버렸다. 이곳 프랑스는 마치 아담과 이브가 떠나버린 것처럼 보이지만 이 나라(미국)보다는 훨씬 더 나을 것이다"고 썼다.

반면 해밀턴은 미국의 번영은 영국과의 관계개선에 달려 있다고 믿었다. 그는 영국의 한 외교관에게 "우리는 영국을 믿는다"고 확신을 주었다. 제퍼슨과 해밀턴의 부적합과 라이벌 관계—두 사람은 점차 개인적으로도 서로를 싫어하게 되었다—는 미국 최초의 두 개의 정당 시스템의 골자를 형성하게 만들었다. 즉, 오늘날 민주당의 전신이라 할 수 있는 공화파와 연방파가 그것이다. 미국 건국의 아버지들은 정당정치를 몹시도 싫어했다. 제임스 매디슨은 이를 경멸하듯이 "분파주의자"로 매도했다. 하지만 오늘날은 정치가는 물론 미국 국민들 대다수가 민주당과 더불어 후에 형성된 공화당 두 개의 정당에 포함되어 있다.

워싱턴은 연방파의 견해에 기울어져 있었다. 그는 공화국임에도 불구하고 프랑스는 군주국인 영국보다도 개인적 자유와 행복추구에 있어 훨씬 공세적이고 더욱 위험한 나라라고 보았다. 그래서 워싱턴은 다소 친영적인 견해에 기울여져 있었다. 그러나 그는 외교정책에 있어서 미국이 어느 편을 드는 것을 원치 않았다. 고별연설에서 그는 그 어떤 나라와도 미국인들은 "영원히 뿌리 깊은 원한관계"도

"열렬한 친밀관계"도 가지지 않도록 간곡히 부탁했다. 대통령의 신분으로 워싱턴은 국내외의 여러 논쟁적인 문제를 잘 조정해 나갔다. 그럼에도 불구하고 얼마 있지 않아 미국은 프랑스의 혁명전쟁의 소용돌이 속으로 휘말릴 뻔 했다. 또한 1812년 나폴레옹 전쟁기에도 영국과의 또 다른 전쟁에 휩싸이는 힘든 경험을 하였다. 그러나 미국은 초대 대통령 워싱턴의 튼튼한 초석덕분에 그 후의 어려운 상황을 충분히 견뎌 냈다.

워싱턴은 그의 마지막 봉사를 또 다른 취임식이 열린 1797년에 행했는데 자기를 이어 존 애덤스가 미국의 두 번째 대통령에 취임하는 것을 지켜보았다. 미국인들은 군주국을 상대로 혁명을 했지만 그러나 그들은 완전히 왕에 대한 갈망으로부터 벗어나 있지는 않았다. 이에 대해 작가 워싱턴 어빙(Washington Irving)은 『립 반 윙클(Rip Van Winkle)』에서 이를 아주 재미있게 표현했다. 립은 미국혁명기 때 한 번도 깨어나지 않고 줄 곳 잠만 잤는데, 깨어났을 때 그는 자신이 가장 즐겨 찾는 여관 밖에 붙어 있는 영국 왕 조지 3세의 초상을 대신해 삼각모와 검을 든 조지 워싱턴의 초상이 그려져 있는 것을 보았다. 만약 워싱턴이 다른 미국인과 다른 사람이라고 자신을 생각했다면 미국인 조지는 쉽게 3선을 할 수 있었을 것이고 그는 대통령을 하다가 죽었을 것이다. 또한 정말 그가 자신이 다른 미국인과 다른 사람이라고 생각했다면 그는 방향을 바꾸어 왕이나 황제가 될 수 있었을 것이고 수많은 사람들이 그에게 제안했던 종신대통령이 될 수 있었을 것이다.

그러나 워싱턴 그가 누구인가. 존 애덤스는 나이가 들었을 때 인간들의 가련한 면에 대해 생각했다. 그는 종종 그들의 지도자들에 의해 "국가와 국민을 속이고 권력을 남용하는 것"을 보았다. 그러나 이들도 "사심이 없고 공익 정신에 투철해야한다고 믿고 이를 가장 존경했다"고 말했다. 애덤스는 한 냉소적인 르네상스기 교황의 말을 인용했다. "만약 사람들이 속기를 원한다면 그들이 속도록 놔두어라." 애덤스는 이를 참으로 딱한 생각으로 보았다. 그는 "그러나 워싱턴은 사람들을 속이지 않았다"고 말했다.

새로운 집에 현명한 자들을 모이게

앞에서 말했듯이 왕이나 군주가 지배하던 시대와 세계에서 워싱턴은 국민들에 의해 선출된 지구 상 최초의 공화국의 최고 리더였다. 단지 이것만으로도 시대의 변화를 주도하는 엄청난 도전이었다. 새로운 헌법 아래 초대 대통령으로서 워싱턴은 자신이 하지 않으면 안 되는 운명 같은 일이 앞에 놓여 있음을 직감했다. 이것은 하나의 위대한 실험이었다. 단순히 미국뿐만 아니라 인류에게 있어 중요한 의미를 가지는 실험이었다. 이것은 국민 스스로가 책임을 지는 체제가 안정을 찾고 순항을 하는가 하는 실험이었다.

그래서 워싱턴은 자신이 행하는 모든 행위가 미래를 위한 선례가 된다는 것을 인식했다. 자신이 시행하는 일 하나하나에 큰 의미가 있다고 생각한 워싱턴은 그 일은 반드시 성공해야하는 운명 같은 것이라 생각했다. 그 중에서 워싱턴이 가장 중요하게 생각한 것은 무엇인가?

대통령으로 워싱턴이 한 최초의 위대한 업적은 행정부를 가장 합리적으로 조직하는 일이었다. 이어 각 행정부의 수장이 될 가장 현명하고 적합한 장관을 인선하고 하부 공무원을 임명하는 일도 대통령의 일이었다. 또한 헌법이 명시하고 있는 명확한 3권 분립의 원칙에 입각하여 입법부 및 사법부와의 국정의 관련성을 정립하는 일은 물론 새로운 정부와 국민간의 관련성을 정립하고 진전시키는 일 역시 워싱턴의 몫이었다.

워싱턴의 핵심 목표는 강한 국민정부의 구성과 통일된 연방의 유지에 있었다. 그는 이런 목표가 국가의 번영과 평화를 가져다준다고 믿었다. 그는 또한 외교 정책은 '불간섭의 원칙(noninterventionalism)'을 기조로 실천했으며, 초대 재무장관인 알렉산더 해밀턴의 경제 계획이 이러한 목표를 달성해 준다고 생각했다. 비록 그는 단순히 의회의 협의 사안을 집행하거나 혹은 자신의 핵심 보좌관들의 합의를 본 정책을 수행하는 온화한 행정가로서의 입장을 취했지만 워싱턴은 미래의 모범이 되는 행정부를 입안하고 구성한 선구자였다.

워싱턴이 대통령이 되었을 때 대통령직에 대한 그 어떤 행정적인 구조는 없었다. 그는 이에 대한 전체적인 구조를 작성해야만 했다. 이 일을 위해 그는 철저한 준비를 했다. 워싱턴은 비록 미국과 같이 자유로운 국민들이 구성한 국가는 아니지만 영국과 프랑스의 정부 구조를 참조했다. 이것에 대한 장단점을 면밀히 검토하고 무엇을 어떻게 할 것인가를 결정했다. 그리고 나서 그는 왕성한 의욕과 끈기로 이를 실천했다. 그는 외교업무를 담당하는 부서로 국무부, 국가경제와 재정을 담당하는 부서로 재무부, 국방과 군사업무를 담당하는 전쟁부, 법과 관련한 문제를 다루는 법무부로 행정부를 구성하였다.

새롭게 만들어진 행정부 직위를 채우는 일도 워싱턴의 몫이었다. 워싱턴의 인사 기준 역시 지금까지의 나라들에서 볼 수 없는 혁신적인 것이었다. 워싱턴은 인종, 종교, 사상, 지연, 혈연, 학연, 정치적 보상, 친구 등의 기준은 고려의 대상으로 삼지 않았다. 예를 들어 오랫동안 너무나 친하게 지내온 벤저민 링컨(Benjamin Lincoln)이 경제적으로 어려움을 당하고 있었는데 그가 어느 행정부서의 장관이 되고자 했지만 워싱턴은 이를 거절하고 그를 조지아로 보내 크릭크족 인디언들과 협상하는 대표단으로 파견했다. 또한 조카 부시로드 워싱턴(Bushrod Washington)이 검찰총장이 되고자 했지만 워싱턴은 이를 거절하고 그가 평범한 변호사로 생활하도록 주선했다.7) 워싱턴이 가장 중요하게 여긴 인사선발의 기준은 그가 제시한 국가 목표—강한 국민정부의 구성과 하나의 연방 유지—를 달성하는 데 필요한 능력이었다. 평상시 워싱턴을 질투했던 부통령 존 애덤스가 워싱턴의 인사기준을 두고 다음과 같이 평가했다. "그분이 인사를 임명할 때는 그 사람에 관한 정보를 다각적으로 수집해서 그 어떤 사람보다 객관적으로 판단하신다."8)

7) George Washington to Lincoln, Aug. 11, 1789 ; GW to Bushrod Washington, July 27, 1789.

8) 정형근 옮김, 『미국의 역사를 창조한 대통령 조지 워싱턴』, 269쪽.

전쟁부는 쉽게 처리되었다. 헨리 녹스(Henry Knox)는 연합정부 때 전쟁을 담당하는 부서의 마지막 수장이었고 워싱턴이 크게 공을 들여 온 새로운 헌법을 옹호한 사람이었다. 정치에 대한 녹스의 실제적 지식과 군사적 경험으로 고려할 때 녹스의 전쟁장관 임명은 너무나 적절했다.

아무런 잡음 없이 워싱턴은 녹스를 새로운 정부의 군사 문제를 다루는 장관으로 임명했다.

행정부를 구성하는 장관 중 가장 핵심 직책에 워싱턴은 당시 가장 능력과 자질을 갖춘 사람으로 여겨진 두 사람을 임명했다. 이들은 후에 각각 새롭게 탄생한 국가에서 구성된 최초의 중요한 정당 조직의 지도자가 되었다. 하나는 재무장관으로 워싱턴은 뛰어난 재능을 가진 알렉산더 해밀턴을 임명했다. 해밀턴은 연방파(federalists)의 지도자가 되었고 워싱턴이 국내 정책을 펼치는데 있어 가장 가까운 보좌관이었다. 다른 하나는 국무장관으로 워싱턴은 해밀턴과 똑같이 뛰어난 재능을 지닌 토머스 제퍼슨을 임명했다. 제퍼슨은 공화파(republicans)로 알려진 반연방파(anti-federalists)의 리더가 되었다.

하지만 해밀턴을 재무부 장관에 임명하는 문제는 많은 논란의 대상이 되었다. 출신성분이 좋지 않았을 뿐만 아니

토머스 제퍼슨

라 지나치게 기회주의적인 해밀턴을 가깝게 지내지 말라는 참모들의 의견을 경청하기는 했지만 워싱턴은 궁극적으로 똑똑한 뉴욕출신의 이 청년을 가까이 했다.9) 해밀턴은 요크타운 전투를 앞두고 워싱턴을 설득해 영국군을 직접 공격하여 큰 전과를 거둔 공이 있었다. 하지만 요크타운 이후 어수선한 상황에서 자신의 전과를 제대로 보상받지 못한 해밀턴은 군을 떠나 뉴욕으로 돌아갔다. 머리가 비상했던 해밀턴은 단지 3개월만의 법률공부를 통해 변호사시험에 합격하였고 곧바로 하원의원에 당선되었다. 그는 8개월만 의원직에 있다가 군에 있을 때의 옛 동료들과 꾸민 뉴버그 음모사건이 실패로 끝나자 월스트리트에서 변호업을 개업했다.

9) 해밀턴은 서인도 제도의 어느 섬에 있는 술집에서 태어났다. 그래서 아버지가 누구인지 분명치 않았던 해밀턴은 자신의 이러한 출신배경에 대해 늘 불만이 있었고 어떻게 해서라도 이러한 불운으로부터 벗어나고자 했다. 그래서 많은 역사가들은 사실 해밀턴은 영국으로부터 독립을 원했다기보다 이 전쟁을 이용해 자신의 신분적 배경을 변화시키려는 이유가 더 컸다고 보고 있다.

전쟁이 끝난 후 이제 워싱턴으로부터 더 이상 기대할 것이 없다고 생각한 해밀턴은 워싱턴과의 관계를 소원하게 했다. 당시 그는 마운트버넌의 이 늙은 장군은 더 이상 크고 의미 있는 일을 하지 않을 것이라 믿고 거의 3년간 단한 차례도 연락을 하지 않았다. 심지어 해밀턴은 1786년 뉴욕 대표로 아나폴리스 회의에 참석했을 때도 워싱턴을 방문하지 않았다. 하지만 워싱턴이 제헌의회의 의장이 되고 새로 탄생할 정부의 수장이 될 것이 확실시 되자 해밀턴의 활동은 개인적인 관계를 떠나 워싱턴의 활동과 거의 같은 노선이었다. 강력한 중앙정부를 구성하는 일, 중앙은행을 만드는 일, 전쟁 때 소요된 엄청난 액수의 돈을 현명하게 처리하는 일 등에 있어 해밀턴과 워싱턴의 생각은 같았다.

신생 독립국을 책임지고 있는 워싱턴은 재부부야말로 새로운 정부가 안정을 찾기까지 가장 핵심부서라 생각했다. 사실 이 나라의 탄생을 지켜보는 많은 사람들이 새로운 헌법으로 생존이 가능한가를 지켜보는 핵심요소는 다름 아닌 국가의 수입(경제사정)에 달려있다고 생각했다. 워싱턴 역시 새 나라 새 정부의 생존은 재무부가 성공하느냐 마느냐에 달려 있다고 생각했다. 그래서 워싱턴이 생각하기에 이 부서를 책임지고 있는 장관이야말로 약삭빠를 정도로 꾀가 많은 사람이 적합하다고 여겼다. 왜냐하면 돈 문제, 그것도 국가적 차원의 돈 문제는 여러 사람들의 생각과 행동을 다르게 만들 수 있고 특히 의회를 통해 필요한 자금을 확보하는 문제는 '낙타가 바늘구멍에 들어가는 것'처럼 어려운 문제로 보았기 때문이었다. 비록 워싱턴은 재무장관에 해밀턴을 임명하는 문제를 놓고 많은 고민을 하지 않은 것은 아니었지만 해밀턴이야말로 이 일의 성격에 가장 적합한 사람이라 여겼다. 우선 무엇보다도 워싱턴 자신이 돈 문제에 대해서는 거의 아는 것이 없었다. 해밀턴은 이미 돈을 다

렉산더 해밀턴

루는 문제에 있어 많은 경험을 가지고 있었을 뿐만 아니라 지난 전쟁 때는 물론 대통령직이 탄생하는 과정에서도 자신의 영향력을 적지 않게 발휘하고 있었다. 게다가 이 뉴욕커는 자타가 공인하는 예리하고 능력 있는 정치가로 소문이 나 있었고 그 누구도 감히 범접할 수 없는 사람으로 여겨지고 있었다. 대통령 워싱턴은 다른 참모들의 많은 반대에도 불구하고 일주일이 되기 전에 해밀턴을 재무장관에 임명했다.

다음은 국무부였다. 재무부가 국내문제에 있어 가장 중요했다면 국무부는 외교문제에 있어 가장 중요한 부서였다. 더더욱 신생국 미국은 다른 나라와 관계를 다루는 외교문제가 너무나 중요했지만 워싱턴은 이 문제를 원활하게 처리할 수 있는 능력이 부족했다. 워싱턴은 여러 가지 정치적 고려를 통해 처음에 존 제이(John Jay)를 국무장관에 임명하고자 했지만 당시 제이는 대법원장을 원했다. 결국 국무장관직은 자연적으로 프랑스주재 미국대사를 지내고 있던 토머스 제퍼슨에게 돌아갔다. 왜냐하면 워싱턴은 오래 전부터 제퍼슨과 더불어 외교문제에 대해 많은 이야기를 나누어 왔고 개인적으로 제퍼슨을 무척 좋아했으며 유럽에서의 다양한 경험을 높이 샀다. 두 사람은 많은 문제 있어 같은 의견을 냈지만 몇 가지 문제에 있어 의견이 달랐다. 특히, 제퍼슨은 워싱턴과 해밀턴이 일치를 보고 있었던 세금문제와 권력으로 상징되는 중앙집권문제, 즉 강력한 중앙정부를 몹시도 싫어했다. 이 때문인지는 모르지만 제퍼슨을 국무장관에 임명하는 문제를 놓고 미묘한 문제가 발생했다. 제퍼슨 자신도 모르는 사이에 국무장관에 임명되었던 것이다. 그가 1789년 11월에 대사직을 마치고 미국에 도착하고 나서야 자신이 국무장관에 임명되었다는 것을 알게 되었다. 아마도 워싱턴은 몇몇 문제에 있어 자신과 다른 의견을 가지고 있지만 개인적으로 신뢰를 하고 있고 그동안 국가를 위해 헌신해 온 제퍼슨이 기꺼이 국무장관직을 수락하리라 믿었던 것 같다.

후에 결국 해밀턴과 제퍼슨은 이 문제를 놓고 많은 갈등을 하게 되고 그 연장선상에서 통합과 단결을 강조한 워싱턴의 노력에도 불구하고 소위 해밀턴파와 제퍼슨파가 형성되었다.

전쟁부, 재무부, 국무부 이 세 개의 부서가 의회에 의해 만들어진 행정부서의 핵심이었다. 또 다른 핵심부서의 장관인 법무장관과 함께 이들은 대통령의 내각에서 공식적이건 비공식적이건 가장 중요하고 핵심적인 일을 담당했다. 워싱턴은 법무장관에 전 버지니아 주지사이자 당시 제헌회의 의원이었던 에드문트 랜돌프(Edmund Randolph)를 임명했고, 체신장관에는 매사추세츠 주의 새무얼 오스굿(Samuel Osgood)을 임명했다.

초대 대통령으로서 워싱턴은 연방법원을 만들고 연방판사들을 임명해야 할 일도 있었다. 그는 연방법원을 건실하고 지속적인 개념으로 조직했으며 능력과 자격을 갖춘 인물들을 연방판사로 임명했다. 그는 뛰어난 정치가일 뿐만 아니라 인기가 없는 의사결정도 추진할 수 있는 용기를 가진 존 제이를 미국 초대 대법원장에 임명했다. 워싱턴이 임명한 다른 연방판사들 역시 뛰어난 재능을 가진 사람들이었다. 그들은 연방법원을 효과적으로 운영함으로써 법원의 명예를 크게 신장시켰다. 존 제이를 대법원장에 임명하고 난 후 워싱턴은 대법원 판사로 임명될 5명의 명단을 상원에 보냈다. 펜실베이니아 주의 오랜 지지자인 제임스 윌슨(James Wilson), 오랜 친구인 존 블레어(John Blair), 지난 전쟁동안 자신을 보좌한 로버트 해리슨(Robert Harrison), 사우스캐롤라이나 주 출신의 존 러트리지(John Rutledge), 그리고 매사추세츠 주 출신의 윌리엄 쿠싱(William Cushing)이 그들이었다. 쿠싱은 통보를 받고 일주일도 안 되어 병환으로 대법원 판사직을 사퇴했고 그 자리는 노스캐롤라이나 주의 제임스 이레델(James Iredell)에게 돌아갔다.

드디어 워싱턴은 새로운 집을 잘 운명해 갈 인선을 마쳤다. 물론 하부의 여러 인선자리가 있었지만 그것은 대통령직을 수행하면서 각 부서의 장관들과 협의하에 처리할 수 있는 문제였다. 가을이 오기 전에 워싱턴은 연방정부의 중요한 자리 125개를 다 채웠다. 이러한 인사는 한 번도 가보지 않은 바다로의 여행을 출발하는 새로운 정부를 이끌어 가는 데 강력한 인적 구성이었다.

왼쪽부터 오른쪽으로, 대통령 워싱턴, 전쟁장관 녹스, 재무장관 해밀턴, 국무장관 제퍼슨, 법무장관 랜돌프

이렇게 임명된 사람들로부터 다양한 정치적 견해가 제시되었고 워싱턴은 이를 경청하고 전후를 따져 그 수용여부를 결정했다. 워싱턴은 각 부서의 세부적인 일에 대해서 직접 간섭하지 않았지만 각각의 행동에 대한 책임을 부여했다. 워싱턴은 각 부서의 장관들이 서명한 모든 서류를 검토하고 최종 판단을 내리는 것으로 일을 처리했다. 이를 통해 워싱턴은 국정운영의 전체적인 흐름을 파악했고 공공정부의 기능이 가능한 많은 사람들에게 작용할 수 있도록 유도했다. 이러한 업무처리 과정이 오늘날에는 관행적으로 되어 있지만 당시만 하더라도 획기적인 일이 아닐 수 없었다. 왕이나 황제가 지배하던 시대에 아래로부터의 의견은 단지 지배자가 원할 때에만 그 효력이 작용했기 때문이다.

워싱턴은 행정부를 원활하고 성공적으로 이끌기 위해서 필요한 재정을 확보해야만 했다. 이 일을 위해 워싱턴은 주로 재무장관인 해밀턴의 충고를 따랐다. 해밀턴의 재정 정책은 연방 정부가 중심이 되는 것이었다.

연방 정부가 주체가 되어 외국 부채와 국내의 부채를 액면가 그대로 상환하고 각 주에서 짊어지고 있는 전쟁 부채를 상환한다는 내용이었다. 이와 동시에 해밀턴은 이러한 상환을 위한 자금 확보를 위해 채권을 발행하는 정책을 제안했고 워싱턴은 이에 따랐다. 이러한 채권에 대한 상환과 새로 탄생한 정부 관리의 급료와 또 다른 국정 비용에 들어갈 많은 돈이 필요했다.

해밀턴은 필요한 자금을 확보하기 위해 공공용지를 판매하고, 수입 물품에 대한 관세를 부과하며, 위스키와 같은 생산품에 대한 '물품세(excise tax)'를 부과하는 정책을 제안했다.

해밀턴은 역시 중앙은행을 만들어 국가경제의 기틀을 마련하고 경기활성화를 위해 연방 정부가 자금을 보관하고, 투자를 하며, 지폐를 발행할 것을 제안했다. 해밀턴의 이러한 제안들 중 몇몇은 많은 논쟁—특히 주 중심의 국가를 운영하려고 한 국무장관 제퍼슨의 심한 반대에 부딪혔다—을 불러 일으켰지만 대통령 워싱턴이 이러한 정책이 새로운 국가의 경제적 안정을 위해 필요한 것들이라는 것을 확신하고 지지하여 의회의 승인을 받아 냈다.

워싱턴은 의회의 승인을 필요로 하는 행정부의 관리를 선발하고 임명할 수 있는 권한을 확립했다. 또한 그는 만약 임명한 관리들이 가치가 없이 자리에 어울리지 않는다면 의회의 승인이 없이도 그들을 해고할 수 있는 권한도 확립했다. 여러 가지 원인으로 워싱턴 내각의 각료들은 그의 두 번에 걸친 임기 동안 내내 같이 일을 한 사람은 아무도 없었다. 서로가 다른 정치 세력의 리더인 해밀턴과 제퍼슨은 워싱턴 행정부 내에서 조화롭게 일을 해 가지 못했다. 워싱턴 행정부의 내각에는 연방파 뿐만 아니라 반연방파 인사들이 함께 있었다. 워싱턴은 새로운 정부는 정치 세력별 파벌주의보다 통일된 상태를 유지해야 한다고 믿고 이를 유지했다. 워싱턴은 역시 임명된 인사들이 높은 수준의 행동거지를 유지하도록 했다. 워싱턴은 프랑스 주재 미국 공사로 있으면서 언론에서 위법 행위로 인하여 고발을 당한 제임스 먼로(James Monroe)를 본국으로 소환했다. 또한 워싱턴은 친구이자 평생동지였지만 반역죄로 비판을 받고 있었던 법무장관 랜돌프를 전격적으로 사임시켰다.

워싱턴은 초창기 정치 세력 사이에서 갈등이 생겨나자 초기에 개인적으로 각 내각의 인사들과 의논하는 것을 지양하고 공식적인 내각 모임을 주도했다. 이러한 정책은 구성원 간의 합의를 통한 의사 결정을 이끌어 내 궁극적으로 불협화음을 최대한으로 줄여주었다. 사실 워싱턴은 정당이 형성되기 전에 만장일치로 대통령에 선출되었다. 그러나 결국은 정치 세력별 당파주의가 각각의 파당을 형성하게 되었을 때 워싱턴은 해밀턴이 이끄는 세력과 그 세력의 노선을 선호했다. 이때 워싱턴은 의회에서 연방파의 압도적인 지지를 받았다. 그는 역시 국내 프로그램을 실천하기 위한 법안을 통과시키는 데 있어 반연방파의 지지와 협력도 충분히 받았다. 워싱턴이 받고 있던 당시의 평판과 그의 지위가 반대적인 요소를 충분히 극복할 수 있게 해 주었다. 의회는 외교 문제를 놓고도 분리되었다. 연방파는 친영적이었고, 공화파는 친프랑스적이었다. 제퍼슨이 주도하는 정치 세력은 처음에 반연방파로 불려졌다. 후에 제퍼슨의 지지자들은 이를 연방-공화파(federal-republicans)로 불렀고, 그 후에 민주-공화파(democratic-republicans), 혹은 단순히 공화파(republicans)로 불렀다. 한참 시간이 흐르고 앤드류 잭슨(Andrew Jackson)이 당을 재정비했을 때 이것이 비로소 민주당(Democratics)이 되었다.[10]

1790년의 중간선거 이후 반연방파 혹은 공화파는 하원에서 다수당을 차지하고 있었다. 그러나 상원에서는 3석에서 5석 정도로 연방파에 뒤져 있었다. 이것으로 워싱턴은 철저한 반대를 일으켰던 '제이 조약(Jay Treaty)'에 대해 상원의 비준을 받는데 필요한 3분의 2 찬성을 얻을 수가 있었다. 제이 조약은 외교적으로 영국과 많은 문제가 있었음에 불구하고 사실상 신생 공화국의 안전보장을 확립하는 데 있어 상당히 중요한 역할을 했다.

워싱턴은 의회와의 관계도 원활하게 유지했

---

10) 워싱턴 행정부 내에서 해밀턴과 제퍼슨은 마치 서로에게 증오를 하기 위해 태어난 사람들 같았다. 두 사람의 공통점은 개성이 뚜렷하다는 것 이외에는 외모에서부터 성격에 이르기까지 단 아무 것도 없었다. 비교적 키가 작은 해밀턴은 군인과 같이 허리를 꼿꼿이 세워 걷는데 비해 키가 큰 제퍼슨은 허리를 구부정하게 하고 걸었다. 해밀턴은 옷차림을 무척이나 신경 썼지만 제퍼슨은 아무렇게나 입고 다녔다. 해밀턴이 직선적이고 곧장 행동에 옮기는 행동파라면 제퍼슨은 우유부단한 성격의 소유자였다. 두 사람은 정치적 신념과 정치권력에 있어서 당연히 달랐다. 해밀턴은 강력한 중앙정부를 신봉한 반면에 제퍼슨은 작은 지방정부를 원했다. 두 사람에게 있어서 공통점을 굳이 찾으라면 그것은 둘 다 워싱턴을 아버지와 같이 믿고 따랐다는 점이다. 워싱턴 행정부 내에서 워싱턴의 마음을 독차지하려는 경쟁이 심화되었고 사사건건 두 사람은 갈등을 겪었다.

다. 그는 대통령으로서의 자신의 일은 의회의 결정에 대해 권고를 하고 이를 집행하는 것으로 보았다. 워싱턴은 행정 각 부서 공무원들의 일에 대해 헌법적으로 위임된 감독을 했다.

워싱턴은 국민들에게 너무나 존경을 받은 나머지 이러한 존경은 좀처럼 사라질 것 같지 않아 보였다. 워싱턴은 총사령관으로 영국군을 물리치고 미국을 독립시켰을 때 스스로는 물론 부하들에 의해 추대되어 왕이나 황제가 될 수도 있었다. 나아가 그는 독재 권력과 거의 유사한 종신 대통령이 될 수 있었다.

그러나 그는 새롭게 탄생한 공화국의 대통령으로 무한 권력이 아닌 한정된 권한을 선택했다. 워싱턴은 "대통령이란 자리는 영원한 것이 아니라 대통령을 하고 있는 동안 헌법과 국민이 부여한 제한된 권한을 행사하여 국가와 국민을 위해 잠시 봉사하는 자리"라고 생각하고 그렇게 행동했다. 워싱턴은 항상 일반 국민들의 이익을 우선으로 삼았다. 그는 항상 국가를 위해 최선이라고 생각되는 일을 했다. 소수의 사람들은 워싱턴의 정책은 금융적이고 상업적인 이익집단에 호의적이라고 비판하고 있다. 하지만 워싱턴은 이러한 일은 모든 국민들에게 최고의 이익을 가져다 주는 것이라고 생각했다.

국가발전의 기틀을 마련하며

신생 국가의 초대 대통령이 직면한 가장 핵심적인 일 중의 하나는 국가의 재정 상태가 제대로 돌아가도록 하는 것이었다. 독립 후 미국은 물가가 상승하였고 워싱턴은 인플레이션으로 인한 구매력이 하락된 통화를 가지고 대통령직을 시작했다. 당시 외국 정부들은 신생 정부의 재정적 생존력에 의구심을 가지고 있었다.

이에 워싱턴 행정부의 재무장관 알렉산더 해밀턴은 외국과 국내 부채는 액면가 그대로 상환될 것이며 각 주의 전쟁 부채는 새로운 중앙정부가 책임지고 상환할 것을 제안했다. 이 제안에 대해 제퍼슨과의 많은 논란을 치른 후에 의회는 부채를 액면가 그대로 상환할 것인가를 놓고 투표를 했다. 그러나 부채를 상환하고자 하는 계획은 연방 하원에서 두 표 차로 부결되었다. 이런 상황에서 해밀턴과 제퍼슨은 유명한 거래를 했다. 제퍼슨이 국가의 수도를 남부 버지니아 지역 어느 곳으로 옮기는데 있어 해밀턴이 지지를 해준다는 조건으로 연방 정부의 부채 상환에 대한 책임을 지지할 것이라고 동의했다.[11] 이와 더불어 해밀턴은 국립은행의 창설을 제안했다. 이것 역시 주 중심으로 미국이 발전하기를 바랐던 제퍼슨과 그의 지지자들이 반대를 했음에도 불구하고 통과되었다.

각 주 정부의 영국과의 전쟁 동안 지게 된 부채에 대한 연방 정부 차원의 책임과 국립은행의 창설은 결국 신생국의 건실한 통화 상태를 회복시켜 주었고 경제를 활성화시키는 동안 인플레이션을 줄이게 했다. 또한 해밀턴의 이러한 정책은 외국에게 미국이 재정적으로 안정 상태에 있다는 확신을 심어 주었다. 보다 강한 중앙정부와 해밀턴의 경제 프로그램은 결국 새로운 국가에 번영을 가져다주었다.

11) 제퍼슨과 해밀턴은 여러 문제를 놓고 갈등을 겪었지만 신생 국가의 수도를 정하는 문제에 있어서는 합의를 보았다. 위치는 남부 버지니아 어느 곳으로 하고 그 최종 장소는 대통령 워싱턴이 정하기로 했다. 또한 그 수도 장소의 이름은 국가 영웅의 이름인 '워싱턴'으로 정하고 그 지역 전체를 콜럼비아 자치구역(the District of Columbia)으로 하기로 합의했다. 이러한 합의는 뉴욕주를 중심으로 한 북부인들의 작은 반발이 있었지만 큰 문제는 제기 되지 않았다. 이 역시 워싱턴이라는 인물의 인간됨에 기인된 것이라 할 수 있다. 이 프로젝트는 10년 계획으로 1792년 초 프랑스의 건축가 피에르 르엔팡트(Pierre L'Enfant)의 주도로 시작되었다.

그러나 워싱턴 행정부의 이러한 경제 계획에 상당한 반대의견이 있었는데 이러한 반대는 어느 정도 타당성이 있었다. 액면가 그대로 부채를 상환한다는 것은 정부의 담보물을 가지고 있는 소유자들이 이에 대한 가치를 완전히 받는다는 것을 의미했다. 그런데 이를 소유하고 있는 대부분은 은행업자, 상인, 혹은 투기업자 들이었다. 이들은 부채를 지고 있었던 농민, 소상점 주인, 혹은 군인들로부터 삭감된 가격으로 담보물을 사들였던 사람들이었다. 또한 이들은 전쟁 동안 그들이 제공했던 서비스와 공급품에 대해서도 그 대가를 돌려받은 사람들이었다. 주 정부의 부채에 대해 연방 정부가 책임을 지는 것은 상대적으로 소규모 주에 대해서는 공정하지 않은 것으로 보였다. 국립은행에 대한 논쟁은 정부가 이러한 제도를 만들 수 있는 헌법적 권한을 가지고 있는가 하는 것이 논란이 되었다. 헌법조항 그 어디에서도 중앙정부에게 경기 침체기를 효과적으로 대처해 가는데 충분한 힘을 부여한 곳은 없었다. 그럼에도 헌법에 입각하여 워싱턴은 여러 문제들을 효과적으로 다루어 신생국가는 번영을 거듭했다. 국립은행은 자본의 축적을 위한 재원을 제공해 주었고 세금의 원천은 물론 보다 큰 신용을 제공하기 위한 수단을 제공해 주었다.

워싱턴 행정부 기간에 관세로부터 들어오는 방대한 액수의 정부 수입이 보장되어 있었기 때문에 국민 개인에게 부과되는 일반 세금은 상당히 낮은 수준이었다. 그런데 정부는 1791년 위스키 제조업자들에게 연방 차원의 세금을 부과했다. 이에 관련된 법의 내용은 정부 관리로 하여금 세금을 내지 않고 있는 위스키 제조업자들의 집에 들어가 세금을 거두어 오도록 권한을 부여했다. 이에 대해 수많은 항의가 일어났고 의회는 소규모 생산업자들을 이 세금으로부터 면제해 주었다. 그럼에도 펜실베이니아 지방에 있는 여러 위스키 제조업자들은 여전히 이 세금을 납부하기를 거부했다. 이에 정부는 연방 보안관을 서부 펜실베이니아로 파견해 세금 납부를 거부하는 지도자를 체포하도록 했다. 그러던 중 수십 명이 다치고 사망했다. 결국 워싱턴은 '위스키 반란(Whiskey Rebellion)'으로 알려진 이 갈등을 중지시키기 위해 워싱턴이 군대를 파견하여 반란을 잠재웠다. 그러나 사실 여기에는 광범위한 저항이 있지 않았고 반란이란 용어는 다소 과장된 표현이었다. 대통령에 의한 이러한 행동은 새롭게 형성된 국민정부를 강화시켜 주는 역할을 했는데 그것은 대통령의 문제 해결 능력을 입증해 주었고 나아가 국가의 법의 집행 능력 역시 입증해 주었다.

워싱턴은 국가에 평화와 번영을 가져오게 하는 여러 정책들을 도입함으로써 종합적인 국가 공공복지 정책을 추진했다. 우리가 오늘날 알고 있는 바와 같이 복지 프로그램은 당시에는 중앙정부의 책임으로 여겨지지 않았다. 뿐만 아니라 기업과 노동의 규제와 조정에 있어 정부의 개입도 없었다.

조지 워싱턴은 노예를 소유한 남부의 농장주였다. 한때 워싱턴은 흑인은 무식하며 게으르고 경솔하고 기만적이며 믿을 수 없는 사람이라고 믿었고 자신의 감독관으로 하여금 노예들을 때려도 좋다고 허용했다. 대통령으로 그는 1792년의 도망 노예법(Fugitive Slave Act)을 법으로 제정하는 데 서명했다.

그러나 오늘날의 기준으로 노예에 대한 워싱턴의 태도를 평가하는 것은 불합리하다. 왜냐하면 당시의 사회는 노예

제도를 너무나 당연한 것으로 받아들이고 있었기 때문이다. 그럼에도 그는 노예 제도는 궁극적으로 없어져야 할 제도임을 분명히 했고 노예 소유주로서 대통령이라는 자신의 입장에 대해 우려를 나타냈다. 그는 백악관을 방문한 한 영국인에게 "오직 노예 제도의 근절만이 우리 연방의 존재를 영구히 할 수 있다고 확신합니다"라고 말했다.[12] 그가 1797년에 필라델피아를 떠나 집으로 돌아갔을 때 사실상 그는 자신의 노예 해방을 인정했다. 워싱턴은 유언장에 아내가 죽으면 자신의 노예를 해방시키라고 명시했다.

12) Fritz Hirschfeld, *George Washington and slavery: A Documentary Portrayal*, University of Missouri Press, 1997.

여러 면에 있어서 토착 미국인(인디언)에 대한 워싱턴의 견해는 당시의 기준으로 볼 때 동시대의 다른 사람들에 비해 훨씬 앞서 있었다. 워싱턴의 청년기 때의 경험으로 인한 인디언에 대한 편견—워싱턴은 오하이오 지역의 프랑스 주둔지에 영국정부의 경고장을 전달하는 특사로 파견되었는데 길잡이였던 인디언이 총을 발사하여 자신을 배반한 경험—을 극복하고 인디언들을 백인 정착민들의 사회 속으로 동화시켜 나가고자 했다. 그러나 그는 북서부 지역의 인디언들에 대해서는 강력한 통제권을 행사했다. 1790년에 인디언과의 전투에서 패배를 한 후에 워싱턴은 군으로 하여금 1794년 팔런 팀버 전투에서 인디언들을 철저히 파괴시켜 이 지역에 평화를 가져오게 했다. 남서부 지역에서의 인디언 문제는 적절한 조치에 의해 쉽게 해결되었다.

워싱턴은 연방헌법과 수정헌법과 그리고 대통령으로 있는 동안에 첨가된 권리장전(Bill of Rights)의 강한 지지자였다. 비록 그는 제1차 수정헌법의 통과를 강하게 지지하지 않았지만 일단 그것이 헌법으로 채택된 후에는 이 조항을 강력히 지지했다. 그는 모든 종파가 신앙의 자유를 가질 수 있는 권리와 모든 사람이 법 앞에서 평등하다는 원리를 지지했다. 그는 모든 형태의 아집과 불관용, 인종 차별, 그리고 종교적 차별을 비난했다.

하지만 미국의 초대 대통령은 소수 세력과 인권 문제를 다루는 것과 그리고 모든 사람에 있어 권위가 있다는 것에 대해서는 업적을 남기지 못했다. 여성 참정권은 제헌회의에서 무산되었다. 여성의 권리를 신장하기 위한 최초의 조직적 운동이 워싱턴 행정부 동안에 일어났는데 그는 결코 여성의 권리에 대한 문제를 공적인 문제로 다루지 않았다. 또한 연방 공직에 임명된 핵심적인 인물들은 거의 모두가 백인 남성이었다. 이는 워싱턴 이후 거의 100년 이상 대부분의 대통령들이 워싱턴과 같이 공직에 대한 임명권에 있어 백인 남성 위주의 인사권을 행사한 것을 볼 때 어떻게 보면 당연한 것인 줄 모르겠다.

워싱턴은 초기에는 아니었지만 성장하면서 자기발전을 통해 미국사회에 상류계급의 일원이 되었다. 그의 친구들과 절친한 동료들은 대부분 같은 계급 출신이었다. 그러나 군의 장교로 퍼지 계곡과 다른 여러 곳에서 자신의 부하들과 고통을 당하면서 그는 유리한 배경을 가지고 있지 못한 일반 국민들의 진가를 인정하게 되었다. 그는 모든 사람에게 평등한 권리와 기회의 균등을 제공하는 민주적 형태의 정부를 강하게 지지했다. 그의 경제 정책은 기업인, 상인, 대농장주 등 경제적 엘리트들에게 유리한 정책을 펼친 것은 사실이다. 그러나 그는 이러한 정책은 모든 국민들의 전반적인 복리를 증진시키는 것이라고 진심으로 믿었다.

오늘날의 미국 수도 워싱턴 D. C.

1792년 초가 되자 복잡한 국가재정 문제, 수도이전 문제, 인디언 문제 등이 일단락되어 갔다. 그런데 전혀 예상하지 못했던 새로운 문제가 발생했다. 프랑스에서 일어난 혁명이 프롤레타리아 성격을 띠면서 신생국 미국에게 새로운 충격으로 그 여파가 밀려왔다. 프랑스에서 군주제가 무너지고 새롭게 형성된 공화정은 미국에게 승인을 요구했다. 나아가 프랑스의 새로운 정부는 지난 혁명전쟁동안 프랑스가 지원해준 도움을 갚아 줄 것을 요구했다.

어떠한 형태이건 영국과 첨예하게 대립하고 있는 프랑스를 지원한다는 것은 경제적으로 안정을 꾀하고 국가 발전의 기틀을 잡아야 하는 신생국 미국으로서는 적지 않은 부담으로 작용했다. 친영적인 성격이 강한 재무장관 해밀턴은 이전에 프랑스와 맺은 미국의 조약들은 지난 정부와 맺은 것으로 현재 정부에는 그 효력이 없으므로 프랑스에 어떠한 호의나 상환이 있을 수 없다고 못 박았다. 하지만 친프랑스적인 국무장관 제퍼슨은 프랑스와의 관계를 개선하기 위해 프랑스가 요구하는 모든 것들을 들어주어야 한다고 주장했다. 바로 이 문제가 1792년 초에 워싱턴이 그해 말 두 번째 임기를 고려할 것인가 말것인가를 고려할 때 전면적으로 대두되어 워싱턴에게 강한 압박으로 다가왔다.

당시 워싱턴은 60세로 이제 진짜 공직에서 물러나야 한다고 생각했다. 또 그는 이제 이 나라는 자신이 없이도 앞으로 발전해 나갈 수 있는 충분히 안정된 위치에 와 있다고 믿었다. 무엇보다 워싱턴은 '정치가'가 아니었다.[13] 워싱턴은 정쟁을 몹시도 싫어했다. 그래서 워싱턴은 자신이 대통령으로 있는 정부정책에 대한 공격에 몹시도 당황했다. 거기에다 워싱턴은 모든 공직활동을 그만 두고 고향 마운트버넌으로 돌아가기를 간절히 원했다. 또한 이제 공화국은 자신의 뒤를 이어 권력이 자연스럽게 이양될 수 있을 정도로 충분히 성숙해졌다고 믿었다.

13) 여기서 말하는 '정치가'란 정파를 바탕으로 혹은 정치적 신념을 바탕으로 자신의 정치적 목적을 달성하고자 상대정파와 상대 정치가를 비난하고 공격하는 의미로 사용하였다.

하지만 가깝게 지내고 있는 해밀턴과 워싱턴이 "진짜 젠틀맨이며 학자"로 부른 비서 리어(Tobias Lear)가 워싱턴에게 두 번째 임기를 강력히 요구했다. 이에 워싱턴은 매디슨과 제퍼슨에게 이 문제에 대해 의견을 물어 보았다. 그들은 주저 없이 "워싱턴의 존재 그 자체와 그의 강한 리더십은 이 나라에 더욱 안정된 상태를 가져다 줄 것"이라고 믿기 때문에 다시 한 번 대통령직에 있어 줄 것을 요구했다.[14] 대통령직을 포함해서 더 이상 공직에 있지 않고 고향에서 여생을 보내고자 했던 워싱턴은 이들의 요구에 자신의 생각을 일단 유보했다.

14) John R. Alden, *George Washington, A Biography*, Baton Rouge: Louisiana State University, 1984, p. 250.

하지만 제퍼슨이 가지고 있었던 워싱턴에 대한 애정은

해밀턴의 것과 차이가 있었다. 제퍼슨은 워싱턴을 칭찬하고 존경한 반면 동시에 그는 해밀턴과 그의 지지자들이 시행하는 정책을 강하게 비난했다. 이 사실을 알고 있었던 워싱턴은 여유와 관용으로 두 사람의 차이를 극복하고 화해를 이끌려고 몹시도 노력했다. 하지만 서로 간의 증오는 언론을 통하여 또 다른 사람들의 입을 통하여 더욱 심화되었다. 제퍼슨은 해밀턴이 이 나라를 군주국으로 만들어 국민들의 소중한 자유를 박탈할 것이라 믿었다. 급기야 흥분한 제퍼슨은 워싱턴에게까지 비난의 화살을 날렸는데 워싱턴이야말로 군주제 성향을 강하게 소유하고 있다고 비난했다. 제퍼슨의 이러한 행동은 그의 솔직하지 못한 이중적 성격을 나타내 주는 것이다. 말하자면 제퍼슨은 얼마 전에 워싱턴에게 다시 한 번 대통령직을 수행해 줄 것을 요구했던 것이다.

이에 해밀턴과 워싱턴은 공화파들의 국가정책에 대한 통일되지 못한 목소리와 그들의 적대적인 행위가 합중국을 해체시켜 궁극적으로 군주국으로 될 수 있다고 비난했다. 이에 제퍼슨은 너무나 놀라운 나머지 자신은 1793년 3월 워싱턴의 첫 번째 임기가 끝날 때 자신도 국무장관직에서 물러날 것이라고 공표했다.[15] 그럼에도 불구하고 제퍼슨과 그를 따르는 공화파들은 워싱턴

15) Robert F. Jones, *George Washington: Ordinary Man, Extraordinary Leader*, New York: Fordham University Press, 2002, p. 131.

을 지지하기로 맹서했으며 워싱턴이 다시 한 번 대통령이 되어주기를 원한다고 공표했다. 그러나 제퍼슨과 공화파들은 부통령에는 더 이상 존 애덤스를 지지하지 않고 뉴욕 주지사인 조지 클린턴(George Clinton)을 지지할 것이라고 발표했다.

이때까지만 해도 두 번째 임기를 하는 것에 망설였던 워싱턴이 정부 내에서 일고 있는 분열과 갈등의 심각성을 인식하고 국가와 정부의 안정을 위해 다시 한 번 대통령직을 수행할 것이라 생각했다. 당시 워싱턴은 공화파 언론들이 자신의 정책, 궁극적으로 자신을 비판하는 것에 대해서는 물론 한 편으로 제퍼슨을 비롯한 공화파들이 자신이 대통령으로 남아 있어주기를 원하는 것에 대해 상당히 의아해 했다. 그러는 동안 국가의 안정적인 재정확보정책의 일환으로 실시하고 있는 물품세를 둘러싸고 서부 버지니아와 펜실베이니아 지역에서 위스키를 생산하는 사람들을 중심으로 불안한 반란의 조짐이 일어났다. 이에 무엇보다 국가의 안정을 원했던 워싱턴은 또 다시 법과 질서가 파괴되는 일이 일어나게 되면 신생국 미국은 내란으로 치닫게 될 것이고 그렇게 되면 국민이 주인공이 되는 공화국이라는 위대한 정치적 실험이 실패로 끝나게 될 수 있을 것이라 두려워했다. 정부 내에서 강화되고 있는 정파 간의 갈등과 내란의 조짐이 보이는 현실 속에서 무엇보다 국가의 안정을 원했던 워싱턴은 더 이상 망설이지 않았다. 워싱턴은 대통령이라는 정치권력을 위해서가 아니라 오로지 국가의 안정을 위해서 자신이 또 한 번의 대통령직을 수행해야한다고 믿었다. 하지만 워싱턴은 대통령직에 다시 출마하겠다는 그 어떤 선언도 또 그 어떤 선거운동도 하지 않았다.

그래서 당시 사람들은 워싱턴의 인격으로 볼 때 그 누구도 워싱턴이 또 한 번의 대통령직을 수행하지 않을 것이라 믿었다. 이런 와중에 1792년 12월 초에 선거인단이 모여 선거를 했고 이듬 해 1월에 워싱턴과 애덤스가 다시 한 번 대통령직과 부통령직을 수행하게 되었다고 발표했다. 이 투표에서 워싱턴이 다시 한 번 대통령직을 수행하는 것에 대해 단 한 표의 반대도 없었다. 이는 워싱턴이 존재하는 그 자체가 국민들에게 만족을 주고 있다는 의미라고 할 수 있다.

신생국의 생존과 성장을 위한 외교원칙, 등거리 외교

사실상 워싱턴은 두 번째 임기를 시작하면서 기쁜 마음이 거의 없었다. 단지 이 나라의 안정을 위해 다시 4년을 더 이끌어 가야한다는 강한 의무감만이 워싱턴의 마음을 지배했다. 워싱턴이 두 번째 임기에서 시작한 최초의 일은 3월에 공직을 떠나겠다고 선언했던 제퍼슨을 설득해서 1793년 말까지 그가 국무장관직을 수행하도록 하는 것이었다. 워싱턴은 제퍼슨을 만나 해밀턴과의 갈등은 정부 내에서 일어나는 것이며, 국가의 안정을 위협하는 많은 문제들이 산재하는 현실에서 제퍼슨의 힘이 너무나도 필요하다고 설득했다.16)

16) 워싱턴은 제퍼슨이 자신의 정부에 대한 비판과 반대의 목소리를 낸다는 것을 누구보다도 잘 알고 있었다. 몇몇 보좌관들이 제퍼슨을 정부 내에서 배제하라는 건의를 했지만 워싱턴은 이를 무시했다. 워싱턴은 비록 제퍼슨의 정치철학이 다르고 자신의 정책에 반대를 하고 있지만 그의 외교적 능력을 높이 샀다.

그것도 그럴 것이 두 번째 임기를 시작하면서 워싱턴 행정부는 곧바로 외교적으로 너무나 중요한 사안들을 해결해야만 했다. 프랑스에서 발생한 혁명이 공포정치로 이어졌고 이는 유럽에서 영국과 프랑스 사이에서 또 다시 전쟁이 일어날 가능성이 농후해 졌다. 이제 막 독립한 국가의 국제적 위상은 유럽의 강대국들에 비해 바람 앞의 등불과도 같았다. 워싱턴은 미국의 국제적 지위를 누구보다도 잘 알고 있었다. 워싱턴은 신생 독립국이 발전하기 위해서는 무엇보다도 전쟁이 없는 평화 상태가 유지되어야 한다는 점을 직감했다. 강대국들 사이에서 미국의 입장은 무엇을 선택해야만 하는가? 제퍼슨을 비롯한 친프랑스 세력이 주장하는 바와 같이 지난 독립전쟁 때 혁명전쟁을 도와준 프랑스를 지지해야 하는가? 아니면 새로운 정부 내에 존재하는 다수의 친영 세력들의 주장에 따라 영국을 지지해야 하는가?

워싱턴이 대통령에 취임한 1789년에 프랑스에는 혁명이 일어났다. 혁명이 진행되면서 1793년 프랑스가 영국, 스페인, 네덜란드 등과 교전 상태에 들어갔을 때 적어도 외교적인 입장에서 신생국의 나약함을 누구보다도 잘 알고 있었던 워싱턴은 엄격한 중립을 지켜 나가야 한다고 생각했다. 의회가 의결하고 워싱턴이 서명한 중립 선언은 1778년 영국을 상대로 한참 독립전쟁을 벌리고 있던 중에 이루어진 프랑스와의 군사적 조약인 프랑스와 미국의 조약(Franco-American Treaty)을 무효로 했으며 미국으로 하여금 중립상태로 남아 있도록 해 주었다. 그 이후 워싱턴은 그 어떤 유럽의 전쟁에도 개입하지 않았다. 워싱턴은 줄곧 다른 나라를 상대로 미국의 군사력을 과시하거나 군사력의 위협을 단 한 번도 가하지 않았다. 친프랑스 세력의 거두인 제퍼슨이 거듭된 미국의 프랑스 지지 촉구에도 불구하고 외교 문제 있어서 워싱턴의 판단은 중립 정책이었다.

그래서 워싱턴 행정부 동안 외교에 관한 국가의 주요 관심은 가능한 동맹 관계를 피하고 중립 정책을 유지하는 데 맞추어져 있었다. 물론 당시에는 평화 상태를 유지하기 위한 국제 기구가 없었다. 또한 남·북아메리카 대륙에 있는 미국의 여러 이웃 나라들은 아직 유럽 강대국의 식민지 상태로 남아 있었다. 이런 상황에서 워싱턴은 가능한 영국, 프랑스, 스페인과의 중립적 외교관계를 유지하려고 노력했다. 이 세 나라와의 관계에서 일어난 여러 문제들은 워싱턴 행정부의 외교적 노력에 의해 해결되었다.

프랑스의 '국민공회'에서 파견한 새로운 주미 프랑스 대사인 에드먼드 제넷(Edmond Genet)은 미국을 프랑스 편으로 끌어들이려고 했다. 독립전쟁 때 미국을 도와 준 것에 대한 보상적 측면이었는지, 아니면 국무장관 제퍼슨이 친프랑스적이라는 이유 때문이었는지, 혹은 제넷 자체의 오만한 태도 때문이었는지, 아니면 이런 모든 이유가 작용했는지 모르지만 미국에 온 제넷은 외교관으로서의 권한을 넘어서는 행위를 서슴지 않았다. 그는 미국의 여러 항구에 전함을 출정시켜 이들로 하여금 영국을 상대로 전투를 하도록 종용했다. 심지어 그는 영국 배인 '리틀 사라(Little Sarah)'를 빼앗아 영국의 상업 활동을 방해했다. 이 일에 대해 무작정 제넷 편을 들었던 제퍼슨이 외교관으로서의 제넷의 인품을 의심하게 되었고 급기야 약탈행위를 멈추고 훔친 배를 돌려주라고 경고했다. 그러는 동안 워싱턴은 많이 아팠고 중요한 외교 사안은 제퍼슨이 담당했다. 제퍼슨의 경고에도 불구하고 제넷은 배를 무장시켜 항해를 명령했다. 뒤늦게 이 사실을 알게 된 워싱턴은 제퍼슨에게 몹시도 화를 냈다. 아마도 워싱턴이 제퍼슨에게 화를 낸 것은 이것이 처음이자 마지막이었을 것이다. 이는 워싱턴이 화를 낸 몇 안 되는 경우의 하나였다. 그리고 곧바로 내각회의를 소집해 자신의 정부에 대한 프랑스 대사의 오만불손함에 대해 질타했다. 내각회의를 마친 후 워싱턴은 제넷이 미국의 중립 정책을 위험에 처하게 한다는 이유를 들어 프랑스 정부에 제넷을 소환해 줄 것을 요구했다. 제넷은 곧바로 대사직에서 물러났지만 미국에 머물러 있어도 좋다는 허락을 받았다.[17] 미국의 중립 정책은 유지되었고 워싱턴은 프랑스와의 많은 다른 문제를 성공적으로 처리해

[17] 프랑스에서 제넷을 송환했을 때 제넷은 처형당할 것을 두려워하여 프랑스로 돌아가지 못하고 있었다. 비록 행동은 오만불손했지만 연민의 정을 가지고 있었던 워싱턴은 그에게 은신처를 제공해 주었고 얼마 후 뉴욕 주지사인 조지 클린턴의 딸과 결혼을 하고 죽을 때까지 뉴욕에서 살았다.

프랑스 대사 제넷이 미국의 공화파들을 중심으로 환영받고 있는 모습

나갔다.

그러나 제넷 사건은 제퍼슨의 국무장관 사임으로 연결되었다. 워싱턴의 이러한 배려에도 불구하고 제넷과 제퍼슨은 비밀리에 만나 여기저기에서 생겨난 소위 '민주-공화파 집단'의 일에 관여하면서 프랑스를 노골적으로 지지하고 영국을 지지하는 해밀턴에 대한 비난을 강화했다. 해밀턴에 대한 비난은 궁극적으로 워싱턴 행정부에 대한 비난으로 연결되었다. 결국 더 이상 참을 수 없었던 워싱턴은 그해 12월에 제퍼슨의 사임을 받아들였다. 그리고 후임에 에드문드 랜돌프를 임명했다.

1790년대 초에 미국은 여러 가지 이유로 인하여 영국과의 관계가 악화되었다. 영국의 전함들이 프랑스에 식량을 수출하는 미국의 상선을 추적하여 수화물들을 몰수하는 일이 발생했다. 영국인들은 때때로 미국의 선원들을 포로로 잡아 영국 해군에서 억류하곤 했다.[18]

당시 미국인들은 서부 변경 지역에서 인디언들의 반란을 조장하고 이미 1783년에 함락된 항구를 포기하지 않으려고 하는 영국인들을 비난했다. 이런 상황에서 워싱턴은 부통령 애덤스의 해군창설로 전쟁으로 확대될 수 있는 분위기를 평화적인 방법으로 해결하고자 했다. 워싱턴은 1794년 미국 내 이러한 불평과

18) 영국의 미국 상선에 대한 약탈이 심해지는 가운데 이러한 상황을 시정하고자 부통령인 존 애덤스의 주도로 의회가 4대의 군함을 건조하는 일에 동의를 했는데 이것이 후에 미국 최초의 해군으로 성장했다.

불만을 없애고 영국과의 협상을 이끌어 내기 위해 존 제이를 런던에 파견했다. 소위 제이조약은 영국인들에게 변경 지역 항구를 포기할 것을 요구했고, 미국과 영국 사이의 무역을 계속 유지할 것을 보증했다. 그러나 이것은 영국이 미국의 상선을 나포하여 선원들을 억류하는 일을 중단해야 한다는 내용이 포함되지 않았다. 따라서 제퍼슨을 비롯한 반연방파들은 제이조약에 대해 강한 반대를 했지만 궁극적으로 이 조약은 20대 10으로 상원을 통과했다. 그 후 영국과의 평화가 유지되었다.

스페인과의 갈등은 플로리다와 미시시피 강 어귀의 소유 문제를 둘러싼 논쟁이 핵심이었다. 미국의 이익을 위해 토머스 핑크니(Thomas Pinckney)가 '샌 로렌조조약(Treaty of San Lorenzo)'을 협상했다. 이 조약에서 스페인은 미국의 남방 한계선을 위도 31도선으로 인정했다. 또한 뉴올리언스에서 미국인들이 자신들의 상품을 면세로 판매할 수 있다는 것을 명시했다. 이 조약을 통해 미국과 스페인은 미시시피 강을 자유롭게 사용할 수 있게 되었다.

워싱턴은 그 외에 미국의 포로들을 석방하고 미국의 상선을 괴롭히는 것을 중단시키기 위해 바르바리(Barbary) 해적과의 협상을 채결했다. 협상 조건으로 워싱턴은 80만 달러의 보석금을 지불하고 여기에 감사의 돈으로 연간 2만

4,000달러를 주기로 합의를 했다. 이 행동은 비록 미국의 포로들을 석방시키기는 했지만 해적들에게 일종의 조공 성격의 '감사의 돈' 지불은 나쁜 선례가 되었다.

워싱턴은 유럽의 무역 중추 세력들과 자유 무역을 확립하기를 원했다. 비록 1792년 관세는 미국의 섬유와 철강 제품에 대한 보호를 해 주었지만 이것은 하나의 보호 관세라기보다 국고의 세입을 올리는 방안으로 보는 것이 타당하다. 이때의 낮은 관세율은 세계 무역을 촉진시켜 주었다. 이는 워싱턴의 국내 경제 정책에서도 마찬가지였다. 연방정부 중심의 국가 부채의 삭감은 새로운 국가의 평판과 신용을 향상시켜 주었다. 해밀턴이 추진하고 워싱턴이 지원한 국립은행은 정부에 대한 확신을 회복시켜 주었다. 제이조약과 샌 로렌조조약은 세계무역 발전에 이바지했고 미국의 평화와 번영을 촉진시키는 역할을 했다.

워싱턴은 미국이 유럽의 강대국들에 의해 존경받을 수 있는 강한 국민정부를 수립하는데 목표를 두었다. 워싱턴은 자유로운 국가의 국민들은 스스로를 위해 행동하는 것을 원칙으로 삼고 있을 뿐 다른 사람을 위해 행동하지 않는다는 점을 미국국민에게는 물론 유럽인들에게도 인식시켰다. 그는 외교 문제에 있어 일관성 있는 중립 정책과 불간섭 정책을 유지해 나가 어떠한 외국 세력에 대해서도 적대감을 가지고 있지 않다는 것을 입증해 보였다. 워싱턴의 이 정책으로 그가 대통령으로 있었던 8년 동안의 미국은 외국으로부터 큰 위협을 받거나 그들의 침략에 의해 사라지지 않는 발전이 보장된 국가로 인식되었다.

신생 공화국의 초대 대통령으로 워싱턴은 미지의 세계를 개척해 가며 항해를 해나가 미국을 강력하고, 평화를 사랑하며, 공정하고, 그리고 세계 각 지역의 국가들이 의존할 수 있는 건실한 국가로 건설하는데 결정적 효력을 낳은 외교정책을 성공적으로 추구했다. 영국과 맺은 제이조약, 스페인과 맺은 샌 로렌조조약, 그리고 북서부 인디언들과 맺은 조약 등은 모두 1795년에는 완전히 그 효력을 발휘하게 되었다. 이러한 조약들은 신생 공화국의 안전보장을 확립하는데 너무나 중요한 역할을 했다. 이러한 조약에 힘입어 워싱턴은 유럽의 여러 나라들이 전쟁 중인 데도 불구하고 미국은 평화를 유지하면서 발전이 보장된 국가가 되도록 튼튼한 초석을 쌓았다.

위대한 업적, 최초의 평화로운 정권교체

1796년 9월 17일 워싱턴은 또 다른 대통령 임기를 거론

하는 것을 사전에 막기 위해 임기가 6개월이나 남아 있을 때 더 이상 대통령에 출마하지 않을 것을 소위 '고별 연설(Farewell Address)'이란 제목으로 발표했다. 당시에 워싱턴이 원하기만 하면 그가 죽을 때까지 종신 대통령이 될 수 있었을 것이다. 사실 여러 사람들로부터 이러한 주장이 나오기까지 했다.

워싱턴은 이미 총사령관으로 있을 때 왕이 되어 달라는 요구를 거절했다. 제헌회의 의장으로, 또 초대 대통령으로, 그리고 1792년 재선에서도 겸손으로 마지못해 그 자리를 받아들였다. 이제 또 다시 3선을 추구하는 것은 자신의 생각과는 너무나 다른 행동이었다. 그래서 워싱턴은 사실상 지난 재선에 나가기 전에 매디슨에 부탁하여 준비했었던 내용을 조금 손질하여 미리 발표를 했던 것이다. 워싱턴은 이번에는 해밀턴에게 초안을 잡도록 부탁했다. 이에 해밀턴은 자신의 생각을 배제하고 워싱턴의 생각과 사상에 입각하여 글을 작성했다. 워싱턴은 해밀턴의 초안을 보고 만족했고 이것은 1796년 9월 19일에 '아메리칸 데일리 어더벌타이즈(American Daily Advertiser)'에 공표되었다. 워싱턴의 고별연설이 발표되기 전까지만 하더라도 제퍼슨을 따르는 공화파들을 중심으로 워싱턴의 종신 가능성에 대한 의구심이 존재했다. 하지만 고별연설 이후 이러한 생각은 완전히 사라졌다.

워싱턴의 고별연설로 3선이나 종신 대통령에 대한 이야기는 종지부를 찍었고 인류 역사상 처음으로 혈통이나 유혈이 아닌 평화로운 방법으로 정권 교체가 이루어질 것이라는 점이 기정사실화 되었다. 그의 고별 연설은 이것만으로도 큰 역사적 의미가 있다고 하겠다.

하지만 여기에는 또 다른 의미의 큰 업적이 되는 내용이 포함되어 있다. 이것은 신생 공화국이 나아가야 할 바를 미리 보여주는 등대와도 같은 역할을 했다는 점이다.

고별 연설에서 워싱턴은 대내 문제와 관련하여 정치적 당파의 위험성을 경고했다. 워싱턴은 몹시도 이를 반대하고 거부했지만 이미 해밀턴파와 제퍼슨파로 나누어지는 모습이 노골적으로 드러나고 있었다. 워싱턴은 지역과 정치적 파벌을 통합하여 연방을 유지하면서 나아가는 길이 미국의 번영과 질서가 유지된다는 점을 강조했다.

하지만 워싱턴 이후 워싱턴의 경고와는 달리 미국은 연방파와 공화파로 나누어졌고 그 후에 다시 국민공화파와 민주공화파로, 또 다시 민주당과 공화당으로 나누어졌다. 이러한 정치적 당파는 궁극적으로 남북전쟁의 한 원인이 되기도 했지만, 또 다른 의미의 미국 민주주의 발전의 기반이 되기도 했다. 그것은 두 당파가 선의의 경쟁을 통해 미국 민주주의를 더욱 발전시키는 긍정적인 면도 존재했던 것이다.

또한 워싱턴은 대외 문제와 관련하여 어느 특정한 나라를 편애하지 말고 등거리 외교를 실시할 것을 경고했다. 고별연설을 통해 워싱턴은 신생 공화국이 생존을 하기 위해서는 철저한 중립을 지키는 길이 최선의 길임을 명시했다. 1789년 프랑스 혁명 이후 유럽은 프랑스와 영국을 중심축으로 하여 또 다시 전쟁을 벌이고 있었다. 제퍼슨을 중심으로 하는 공화파는 프랑스를 지지할 것을 촉구했고, 해밀턴을 중심으로 하는 연방파는 영국을 지지할 것을 촉구했다. 독립전쟁 당시 프랑스의 도움을 생각하면 응당 프랑스 편을 들어야 하지만 워싱턴이 생각하기에 영국은 무시할 수 없는 강대국이었다. 이러한 진퇴양란 속에서 워싱턴은 중립을 지키며 등거리 외교를 펼쳐 신생 공화국의 안정보장을 확립시켰다. 외교 문제에 있어서 워싱턴의 중립 주장은 후에 제임스 먼로 대통령의 먼로주의(Monroe Doctrine)에서 다시 확인되었고 19세기 동안 미국 외교의 기본 노선이 되었다. 이는 미국이 진정한 세계 국가로 성장하는 데 원동력으로 작용했던 것이다.

한편, 역사에서 미국이 탄생하기 전에 정치권력의 교체는 전통적으로 혈통이나 유혈의 쿠데타나 혁명을 통해서만 이루어져 왔다. 아들이나 딸이 이전의 정권을 이어 즉위했고 유혈 사태로 군주가 전복되어 새로운 군주가 즉위했다. 지금까지 국민들—지배받는 대중들—은 권력이 혈통과 유혈로 이어지는 것에 관해서 큰 이견을 제시하지 않았다.

그러나 워싱턴을 비롯한 미국 건국의 아버지들의 노력의 결과로 새롭게 탄생한 국민의, 국민에 의한, 국민을 위한 미국정부의 탄생은 모든 것을 변화시켰다. 비록 당시의 많은 미국인들은 물론 세계 사람들이 혈통이나 유혈이 아닌 방법으로 한 정권에서 다른 정권으로의 평화로운 정권 교체가 이루어질 것인지에 대해 의심을 했지만 한 사람의 위대한 결단력이 이를 실현시켰다. 인류 역사상 처음으로 혈통이나 유혈이 아닌 '국민들의 동의'에 의해 평화롭게 정권이 교체되었다. 가장 강력한 힘을 가진 사람이 자발적으로 최고 권력의 자리에서 내려온 사례는 인류 역사상 많지 않다. 이런 면에서 워싱턴은 나라를 구하고 자신의 농장으로 돌아간 전설적인 공화정 시대 고대 로마의 장군 '킨키나투스(Cincinatus)'에 비교되고 있다.

이미 살펴보았듯이 사실상 워싱턴은 독립한 미국 최초의 왕이 될 수가 있었다. 또한 그는 죽을 때까지 종신 대통령이 될 수도 있었다.

하지만 워싱턴은 왕이 되어 달라는 말을 가장 가슴 아프게 생각하며 말도 안 되는 소리라고 일축했고, 두 번의 임기 후 종신 대통령으로 추대하고자 하는 움직임을 고별연설로 사전에 차단시켰다. 워싱턴은 권력이 개인에게 집중되어서는 안 된다는 공화(共和, res-publica)의 정신을 강하게 믿고 있었다. 그래서 워싱턴은 대통령직은 군주와 같아서는 안 된다는 강한 믿음을 가지고 있었다. 이러한 믿음이 그로 하여금 이 새로운 나라의 정권 교체는 질서 있고 체계적이고 정기적으로 이루어져야 한다고 생각했다. 워싱턴은 이러한 믿음으로 3선을 단호하게 반대했던 것이다.

워싱턴은 비록 대통령직에서 물러나고자 했지만 이와 관련하여 마지막으로 한 가지 일을 하고자 했다. 그것은 평화로운 정권 교체가 잘 이루어지는가를 직접 감독하는 일이었다. 대통령이 차기 대통령을 선출하는 일을 감독하는 워싱턴의 모범은 오늘날까지도 전통으로 내려오고 있다.

워싱턴이 대통령을 더 이상 하지 않을 것이라는 사실이 확실해지자 차기 대통령이 누가될 것인가가 관심의 초점이 되었다. 워싱턴은 대통령으로 있는 동안 부통령 애덤스와 결코 친하게 지내지 않았지만 애덤스의 사상과 행동은 연방파에 접근해 있었다. 자연적으로 연방파는 애덤스를 지지했고 공화파는 제퍼슨을 지지했다. 대통령 워싱턴은 선거에 일체 관섭을 하지 않았고 지켜만 보았다. 자신의 행정부에 대해 그랬듯이 제퍼슨과 공화파들은 애덤스를 공격했다. 이와 더불어 프랑스가 미국 내 정치상황을 간섭했다. 프랑스는 미국의 중립 선언과 제이조약을 비난했다. 심지어 프랑스는 워싱턴 행정부를 비난하면서 미국이 프랑스와 동맹관계를 회복하기까지 프랑스는 미국과의 외교관계를 단절할 것이라고 위협했다.

이런 가운데 대통령을 선출하기 위한 선거인단이 구성되었고 과반수를 넘는 사람이 대통령이 되고 차점자가 부통령이 되도록 합의되었다. 총 13명이 선거에 출마했고 그 중에서 연방파가 9명이나 달했다. 결과적으로 애덤스가 제퍼슨을 3표 차이로 물리치고 미국 제2대 대통령에 당선되었다. 차점자인 제퍼슨은 부통령에 당선되었다.

1797년 3월 4일 토요일이다. 이날은 워싱턴이 새로운 대통령 당선자 존 애덤스에게 대통령직을 넘기는 날이었다. 행사를 주관하는 측은 워싱턴에게 이전에 그랬던 것처럼 필라델피아에 있는 연방 홀에 참석해 달라는 부탁을 했다. 언제나 그랬던 것처럼 그의 자리는 맨 앞자리에 준비되어 있었다. 하지만 워싱턴은 자신이 스스로 자리를 바꾸어 부통령 당선자 토머스 제퍼슨 다음으로 자리를 잡고 애덤스의 취임사를 들었다. 사회자는 다음으로 퇴임하는 워싱턴에게 연설을 부탁했지만 그는 다음 연설자는 제퍼슨이어야 한다고 주장하고 그에게 양보했다. 이에 제퍼슨은 자신은 아직 젊고 워싱턴에 대한 존경심이 있다고 말했다. 하지만 워싱턴은 제퍼슨이 이 나라의 부통령이고 대통령 다음으로 연설을 해야 하는 것은 당연하다고 믿었다. 워싱턴은 이제 스스로가 기꺼이 돌아가고 싶었던 평범한 일개 시민이 되었다. 취임식 행사 후 워싱턴은 연방 홀을 떠나 거리의 국민들에게 인사하는 중에도 애덤스와 제퍼슨 다음의 위치에서 만족과 위엄의 얼굴로 걸어갔다.

이는 국가이든 기업이든 인간이 이루고 있는 그 어떤 조직에서도 위대한 리더들은 자신의 뒤에 오는 리더의 중요성을 크게 인식한다. 워싱턴은 권력의 망토가 질서 있고 체계적이고 정기적으로 다른 사람에게 넘어가기를 간절히 원했다. 이것은 진정한 공화 정신이었다. 평화로운 정권 교체는 워싱턴이 인류 사회에 준 또 하나의 위대한 선물이다. 인류 최초로 혈연이나 폭력에 의해서가 아닌 국민들의 합의에 의해 이루어진 정당한 법절차에 따라 권력이 이양된 경우이다.

조지 워싱턴의 불멸의 리더십 4장

조지 워싱턴의 불멸의 리더십

항상 배우는 태도

워싱턴은 일생을 통해 배우는 사람이었다. 그는 항상 자신의 정규교육이 부족하다는 점을 알고 있었다. 어쩔 수 없이 배움의 길이 부족할 수밖에 없었던 워싱턴은 단순이 학문적으로 배우는 범위를 넘어 보다 실용적인으로 세상을 배우고자 했다. 그래서 그는 18세기에 통용되는 사회적 성공을 위한 길을 모색했다.

그것은 독서를 하는 것이었다. 워싱턴은 열렬한 독서가였지만 학문 그 자체로서의 독서보다는 독서를 통해 자신이 부족한 정규교육을 보충하는 식으로 독서를 했다. 그는 측량 기술에 관한 책, 농업과 원예에 관한 책, 예술에 관한 책, 건축과 과학기술에 관한 책, 그리고 군사적 지식을 다루는 책 등에 걸친 폭넓은 독서를 했다. 이와 더불어 워싱턴은 당시의 젠틀맨에게 필요한 철학과 예의범절에 관한 책도 탐독했다. 이러한 독서는 그가 측량사로, 성공한 농업인으로, 또 위대한 군인으로, 그리고 가장 모범이 되는 초대 대통령으로 인생을 살아가는 데 밑바탕이 되었다.

스스로가 부족한 학문을 인식한 워싱턴은 책과 더불어 또 다른 배움의 길을 모색했다. 그것은 자신이 성공할 수 있도록 도움을 주는 훌륭한 멘토를 두는 것이었다. 형 로렌스와 좋은 이웃이자 형의 장인인 패어팩스 경은 워싱턴에게 최고의 훌륭한 멘토였다. 워싱턴은 이들 덕분에 세상을 살아가는 법과 성공하는 길을 예비할 수가 있었다.

워싱턴은 이들과의 인간관계를 각별하게 형성했다. 형 로렌스는 비록 이복동생 이었지만 너무나 흡수력이 빠르고 성공하고자 하는 간절함으로 뭉친 동생 워싱턴을 사랑으로 돌봐주지 않을 수가 없었다. 패어팩스경은 비록 자신의 아들이 있었지만 성실하고 겸손하고 정직한 사돈총각에게 더 많은 배려와 관심을 쏟아 부었다. 워싱턴이 측량 분야에서 일을 하고 군인이 되고 정치를 하게 된 것 모두가 이들의 도움과 가르침 덕분이었다. 물론 여기에는 워싱턴 자신의 근면과 겸손이 없었다면 불가능했을 것이다. 워싱턴은 사람들은 그들이 좋아하는 사람들과 같이 일하기를 좋아한다는 점을 이해하고 있었다.

알렉산더, 칭기즈칸, 유비, 링컨, 간디 등 위대한 정치적 리더는 물론 에디슨, 샘 앤더슨, 잭 웰치 등의 비즈니스 분야의 위대한 리더들의 공통점 중에 하나는 그들이 하나같이 실수와 실패로부터 배운다는 점이다.

워싱턴 역시 그러했다. 워싱턴은 수많은 군사적 실패로부터 새로운 군사적 전략을 배웠다. 그는 프랑스 인디언 동맹 전쟁 때의 실패의 경험을 독립전쟁 때 훌륭한 전략으로 다시 태어나게 했다. 프랑스 인디언 동맹 전쟁 때는 요새를 건설하는 것이 승리의 핵심적 전략이었고 그래서 영국군과 프랑스군 모두는 요새를 세우는 일에 집착했다.

그러나 워싱턴은 프랑스에게 네세시티 요새에서 패배 이후 승리를 위해 요새가 필수적인 것이 아니라는 점을 알게 되었다. 그래서 워싱턴은 독립전쟁이 시작되었을 때에 더 이상 요새에 집착하지 않았다. 그는 세계 최강의 군대를 상대로 직접 맞붙어 전투를 하기보다 게릴라전이나 소규모 전투로 적을 교란시키는 데 집중했다. 그러면서 워싱턴은 영국이 보스턴, 뉴욕 등을 포함한 대부분의 식민지 주요 도시를 점령하고 있었지만 자신과 자신의 군대를 쳐부수지 않고는 승리를 장담할 수 없다고 생각한다는 것을 알게 되었다. 이때부터 워싱턴의 전략은 승리를 하면 좋지만 그러지 못하는 입장에서 승리보다 생존 그 자체에 집중했다. 영국군을 상대로 직접 맞붙어서는 이길 수 없다는 것을 알게 된 워싱턴은 어떻게 하면 명예롭게 후퇴하고, 어떻게 하면 적을 교란시키고, 어떻게 하면 적을 속일 수 있을까를 생각했다. 워싱턴은 후퇴를 싫어했지만 전쟁에서 때로는 어둠 속에서 몰래 빠져나오고 어둠을 틈타 적을 공격하는 전략이 필요하다는 것을 알게 되었다. 워싱턴은 또한 패배를 싫어했지만 패배 그 자체에 머물러 있지 않았다. 항상 워싱턴은 패배로부터 새로운 것을 배웠다. 그것은 독립전쟁 동안 그가 핵심전략으로 삼은 것인데 "최고의 방어는 정말 새롭고 새로운 공격이다"는 점을 배우고 실천했다.[1]

[1] James C. Rees, *George Washington's Leadership Lession*, Wiley and Sons, 2007.

대통령이 되어서도 워싱턴은 배움의 길을 멈추지 않았다. 워싱턴은 인디언 문제를 놓고 초기에 의회와의 마찰을 교훈삼아 의회와의 관계를 개선하는 것이 너무나 중요하다는 것을 알게 되었다. 복잡하게 전개되는 유럽의 국제 정세로부터 신생국 미국이 어떠한 선택을 해야만 생존은 물론 번영의 길로 나갈 것인가를 이해했다.

워싱턴은 실수와 실패를 감추는 사람이 아니었다. 그는 곧바로 변명 없이 이를 인정하고 상황을 바로잡고자 노력했다. 워싱턴이 군사와 정치 분야는 물론 사업 분야에서도 성공을 할 수 있었던 점은 바로 그의 이러한 점 때문이었다. 그는 중국으로부터 200종의 씨앗을 들여와 심었는데 단 한 포기도 싹이 트지 않았던 경험이 있었다.[2] 워싱턴은

2) Mac Griswold, *Washington's Gardens at Mount Vernon*, Hougton Mifflin, 1999.

이것을 좋은 경험이라 생각했다. 그는 실수와 실패로부터 배웠다. 그는 실패로부터 새로운 지식을 얻은 것이라 생각했으며 결코 시간 낭비라고 보지 않았다.

최근에 여러 학자들은 흑인 노예문제를 두고 워싱턴을 비판한다. 그들은 노예를 소유하고 노예제도를 인정한 것은 워싱턴의 최고의 아킬레스건이라고 말하고 있다. 하지만 이러한 비판은 워싱턴의 일면만 알고 전체적인 면을 모르는 데서 오는 오류이다. 사실상 워싱턴은 사회적으로 노예제도가 당연한 것으로 받아들여지고 있었던 시간과 공간에서 11세의 나이에 노예를 유산으로 물려받았다. 말하자면 노예제도가 '좋고, 혹은 나쁘고' 하는 가치판단이 분명치 않을 때 너무나 자연스럽게 노예제도 속에 생활하게 되었다는 점이다. 하지만 워싱턴은 성장하면서, 또 공인으로 활동을 하면서, 나아가 일생을 살면서 노예제도에 대한 태도를 분명하게 바꾸고 실천했다. 특히 워싱턴은 독립전쟁 동안 영국군을 상대로 미국 편에서 싸우는 흑인들의 용감성을 목격하고 흑인노예에 대한 생각을 극적으로 바꾸었다. 특히 워싱턴은 노예제도에 대한 잘못된 점을 이야기 한 노예제도 폐지주의자인 라파예트의 충언을 진심으로 받아들였다. 대통령이 되었을 때 워싱턴은 사회 전체적 차원에서 노예제도를 없애고자 했지만 단 번에 너무나 보편화 되어 있는 노예제도를 폐지하는 것은 단순한 일이 아니라는 점을 알았다. 그래서 워싱턴은 마운트버넌에 있는 노예들만이라도 해방시키고자 했고 궁극적으로 이를 실천했다. 죽음에 임박해서 워싱턴은 "노예를 소유한다는 것은 옳은 것이라고는 좀처럼 찾을 수 없는 나쁜 것 그 자체이다"고 말했다.[3]

3) Rees, *George Washington's Leadership Lession*. 워싱턴은 건국의 아버지들 중 소유하고 있던 노예를 해방시킨 유일한 사람이었다. 늘 자유와 평민의 권익을 이야기하고 그들을 위해 정치를 해야한다고 주장한 토머스 제퍼슨(워싱턴보다 26년을 더 산)은 죽을 때까지 자신이 소유한 노예를 해방시키지 않았다.

당신이 위대한 리더로 성장하고 싶다면 죽을 때까지 배우는 태도를 가져라. 워싱턴과 같이 책을 통해서 배우고, 멘토를 통해서 배워라. 책을 구입하는 비용에 대해 아까워하지 말아야 하며 책을 읽는 시간을 가장 중요한 시간으로 할애하라. 가만히 있는데 다가올 멘토는 아무도 없다. 워싱턴과 같이 성실과 겸손으로 당신의 주위에서 멘토를 찾고 그에게서 삶의 지혜를 구하라. 그리고 누구나 실패와 실수를 한다. 성공한 사람들의 공통된 특징 중의 하나는 그들이 실수와 실패로부터 성공의 열쇠를 얻었다는 사실이다. 실수와 실패 그 자체를 두려워하지 말고 그것을 최대의 교훈으로 삼아라. 워싱턴과 같이.

뚜렷한 목표와 비전

비전의 사전적 의미는 상상력, 직감력, 통찰력, 미래상, 선견지명 등이다. 말하자면 현재가 아니라 다가올 미래에 펼쳐질 상황 정도로 이해될 수 있다. 리더는 리더십 여행을 통해 미래의 자신과 다른 사람들, 그리고 조직의 모습을 그릴 수 있어야 한다. 리더는 자신뿐만 아니라 다른 사람과 조직의 성장의 모습을 그릴 수 있어야 한다. 나아가 이 비전을 달성하기 위한 열망이 있어야 하며 창의성을 발휘하여야 한다.

웨런 베니스의 『리더와 리더십』은 비전에 대해 잘 설명하고 있다. "비전은 달성해야할 목표다. 케네디가 인간을 달에 보낸다는 목표를 세웠을 때, 빌 게이츠가 모든 가정의 책상 위에 컴퓨터를 놓게 하겠다는 결심을 했을 때, 그들은 가치 있고 성취 가능한 목표를 설정하고 거기에 집중했다. 비전은 언제나 미래의 상태, 즉 현재 존재하지 않으며 과거에도 존재한 적이 없는 상태에 대하여 말한다는 점을 기억하라."

하지만 히틀러, 스탈린, 무솔리니, 일본 제국주의자들은 세계정복을 꿈꾸면서 다른 민족을 말살하여 그 꿈을 이루고자 했을 때 이는 인류에게 가치 있고 보람된 일이 아니었다. 이들의 비전은 헛된 비전이었다.

구성원들에게 미래의 발전적이고 성장하고 승리하는 모습의 비전을 보여주지 못한다면 리더는 리더십 여행에서 승리할 확률이 줄어든다. 비전이 없어 다른 사람에게 비전을 보여주지 못한다면 당신은 리더로 성장하는데 문제가 있다. 그는 기껏해야 정해진 테두리 안을 맴도는 사람일뿐이다. 그러나 비전을 가진 리더는 다른 사람을 모으고 그들에게 도전을 주며 희망과 용기를 준다. 리더가 보여주는 비전이 크면 클수록 다른 사람들은 더 큰 희망을 가지고 노력한다. 위대한 리더들은 항상 위대한 비전을 가지고 있었다. 그들이 달성하고자 하는 목표를 비전으로 보여주었다. 알렉산더의 코스모폴리탄의 세계구현은 그의 원대한 목표이자 비전이었다. 칭기스칸의 유라시아 자유무역지대 구현은 그의 목표이자 비전이었다. 링컨은 남북분단이 아니라 하나로 통일된 국가로 성장하는 것과 인간은 신 앞에 평등하게 태어났다는 독립선언서의 내용이 실현되는 것이 목표이자 비전이었다. 처칠과 프랭클린 루스벨트는 히틀러의 침략을 분쇄하고 세계민주주의를 지키는 것이 목표이자 비전이었다. 간디와 김구는 조국의 독립이 그들의 목표이자 비전이었다.

조지 워싱턴 역시 비전과 목표를 가진 위대한 리더였다.

워싱턴은 십대부터 뚜렷한 목표를 가지고 있었다. 그의 목표는 사회적으로 성공하는 것이었다. 이미 살펴보았듯이 워싱턴은 부자 집안의 자녀도 아니었고, 상류계급도 아니었다. 그는 장남도 아니었다. 아버지의 예상치 않은 사망으로 하고자 했던 공부의 길도 가지 못하였다. 그래서 워싱턴은 형 로렌스를 비롯한 지인들의 도움으로 당시 사회적 성공의 일환인 측량 기술을 배우게 되었고 이로부터 기회를 가지게 되고 어느 정도의 땅을 살 수 있는 돈을 벌었다.

또한 우연히 오게 되었지만, 사회적으로 성공하는 또 다른 길 중의 하나로, 형 로렌스가 모범적인 길을 갔고, 그래서 워싱턴 자신도 목표로 삼았던 군인의 길을 선택하여 그는 또 다른 성공의 활로를 모색했다. 하지만 영국 본국의 식민지인에 대한 차별의 벽은 워싱턴이 군인으로서의 성공의 길을 가로 막았다.

군을 제대한 워싱턴은 부유한 과부 마사와의 결혼을 통해 버지니아 최고가는 농장주이자 젠틀맨으로 성장했다. 이는 워싱턴이 추구한 또 다른 개인적인 인생의 목표였다. 나아가 그는 이 역시 형 로렌스가 성공적인 길을 갔던 것으로 버지니아 의회에 진출함으로써 자신의 부족한 학력과 가정 형편의 약점을 극복하고 사회적으로 성공하고자 하는 목표를 달성했다.

유럽의 7년 전쟁을 마무리한 영국은 식민지 아메리카를 그냥 두지 않았다. 영국의 식민지에 대한 탄압 정책은 농장주로, 젠틀맨으로 생활하기를 원했던 워싱턴으로 하여금 새로운 목표를 세우고 이에 집중하도록 만들었다.

총사령관으로 대통령으로 워싱턴의 목표는 외국으로부터의 미국의 진정한 독립이었다. 그의 비전은 권력이 어느 개인이나 소수에 집중되는 것이 아니라 자유로운 국민들이 주인인 독립된 국가를 만들고 이 국가가 영원히 발전하는 것이었다. 이는 인류 역사에서 하나의 위대한 실험이었고 그런 만큼 반드시 성공을 해야만 했다.

워싱턴은 이 목표를 달성하고 비전을 실현시키기 위해 공화국 형태의 정부가 가장 적합하다는 것을 직감했다. 그는 이것을 '위대한 실험'이라고 말했다. 워싱턴은 캐서린 그래함(Catherine M. Graham)에게 "우리의 새로운 정부 수립은 시민사회에서 합리적인 계약과 합의에 의해 인간의 행복을 증진시키기 위한 위대한 실험이 될 것입니다"라는 편지를 보냈다.4) 워싱턴은 이 위대한 실험이 실패로 끝나지 않기 위해 개인적 생활을 접고 공적인 생활에 임하여 최선을 다했다.

4) *George Washington to Catherine M. Graham*, January 9, 1790.

이와 함께 워싱턴은 미국은 자유 기업 체계가 보장되어야 한다고 생각했다. 이 아메리카 식민지가 영국으로부터 독립을 갈망하고 쟁취를 했듯이 미국인 개개인도 여러 간섭으로부터 벗어나 진정한 자유를 누리는 것이 이 나라가 빠른 성장을 할 수 있도록 신선한 자극제를 제공해주는 강력한 원동력이 된다고 믿었다. 워싱턴은 개개인이 지나친 간섭으로부터 독립해서 자신의 의지대로 부와 행복을 추구해야 한다고 믿었다. 워싱턴은 항상 중앙정부는 전체를 통합하기 위해 반드시 필요한 것이지만 개개인의 자유가 최우선적으로 중요하다는 것을 단 한 번도 잊지 않았다.[5] 그래서 워싱턴은 대통령에 취임하자마자 미처 연방헌법에서 다 담아내지 못했던 신앙·언론·출판 등의 자유, 탄원·무기휴대·배심재판의 권리, 그 외에 영장 없는 수색 등의 금지를 포함한 개인의 권리를 과도하게 해치는 행위를 금지하는 내용의 개인의 권리 보장을 강화하는 '권리장전'을 '수정헌법'의 형식으로 통과시켰다.

영국으로부터 독립을 쟁취한 워싱턴은 새로운 국가의 생존과 번영을 위한 가장 중요한 일로 13개 주가 기꺼이 따르는 성문화된 헌법을 만드는 것이라 생각했다. 이를 위해 그는 개인적으로 고향 마운트버넌에서 농장주로 살아가기를 간절히 원했지만 대의를 위해 기꺼이 제헌회의에서 의장이 되었고 협력과 합의를 도출해 내기 위해 최선을 다했다. 워

---

5) 그럼에도 제퍼슨을 비롯한 공화파는 워싱턴을 군주체제를 원하는 사람이라고 비난을 일삼았다. 워싱턴의 일생을 살펴볼 때 그에게 군주체제의 잔재는 남아 있을지언정 그는 근본적으로 군주체제를 가장 혐오스럽게 생각한 사람이었다. 영국으로부터의 독립의 명분은 바로 '사람이 다른 사람을 지배하는 정치체제를 벗어나 모든 사람이 개인으로 자유를 누리는 그런 체제를 만들기 위함이었다.

싱턴은 가능한 13개의 합의안을 도출해 내기 위해 의장으로서 중립을 유지했다. 합의된 헌법에 대해 워싱턴은 누구보다도 먼저 서명을 했다. 워싱턴은 이 문서는 위대한 실험을 성공으로 이끄는, 다시 말해 민주주의를 위한 최고의 로드맵으로 절대로 손상되어서는 안 된다고 생각했다.

대통령이 된 후 워싱턴은 미국의 안전과 영원한 발전이라는 두 가지 목표를 실현하는 데 최선을 다했다. 공화국 정신에 따라 새로운 행정부를 조직하고, 각 행정부에 적합한 일과 가장 능력 있는 사람으로 인선을 마무리했다. 워싱턴은 새로운 정부가 성장의 활기를 띠기 위해서는 무엇보다 경제 문제의 해결이 우선시되어야 한다는 것을 알고 있었다. 이에 워싱턴은 해밀턴의 부국강병책을 지지하여 이 문제를 해결해 나갔다. 나아가 입법부와 사법부와의 관계, 언론과의 관계 등 민주주의를 실현하는 데 필요한 문제들을 원만하게 해결했다. 또한 워싱턴은 영국과 프랑스를 중심으로 점화된 국제 전쟁에서 철저한 중립 정책을 유지해 나감으로써 신생국의 안전보장에 만전을 기했다. 워싱턴의 이러한 중립정책은 19세기동안 미국외교의 핵심 축으로 미국이 내적으로 힘을 길러 국제사회에서 강대국으로 성장할 수 있는 근원으로 작용했다.

3선의 거절은 워싱턴이 원했던 많은 목표를 실현시켜 주었다. 워싱턴은 평화로운 정권 교체를 원했다. 그는 미래의 리더는 혈통이나 군사적 힘에 의해서가 아니라 자질과 능력에 의해 국민들이 선출하여야 한다고 생각했다. 이것은 미국이 당시의 다른 나라와 달리 위대한 잠재성을 가지고 발전할 수 있는 초석이 되었다.

여러 논란에도 불구하고 워싱턴은 미래의 수도는 복잡한 필라델피아를 벗어난 다른 곳이어야 한다고 생각하고 이를 추진했다. 워싱턴은 미국의 수도는 몇 십 년이 아니라 몇 세기가 계속되어야 하며 그것은 단순히 미국인을 위한 것이 아니라 세계인을 위한 것이어야 한다는 비전을 제시했다.

워싱턴의 미래 지향적 목표와 비전은 정치와 군사 분야 이외에서도 빛난다. 개인적으로 워싱턴은 땅 투자의 귀재였다. 그는 총 7만 에이커의 땅의 주인이 되었다. 그는 혁명을 통한 새로운 국가의 탄생은 땅의 중요성이 커질 것이라는 점을 직감했다. 말하자면 땅은 신생국 미국의 가장 중요한 자원이 될 것이라는 점을 확신했다. 당시 별 가치가 없었던 버지니아의 난세몬드 지역의 땅 373에이커를 사면서 그는 "이 땅들은 곧 매우 가치 있게 될 것이라는 확신을 가지고 있다"라고 썼다.[6] 워싱턴은 땅과 더불어 용이한 상업 시설을 구성하고 교통망을 개량하는 사업 역시 미국의 미래를 위해 필수적인 것임을 파악했

6) W. W. Abbot, (ed.), *The Will of George Washington*, University Press of Verginia, 1999.

다. 워싱턴이 운하 건설과 강 길의 개선에 관심을 쏟은 것은 이와 같은 맥락에서였다.

많은 땅의 주인이었던 워싱턴은 비전이 있는 농부였다. 그는 끊임없는 실험을 통해 윤작, 농기구 개량, 토질 향상 등을 힘썼다. 워싱턴은 미국은 궁극적으로 미래 세계의 창고와 곡창지대가 될 것이라 확신했다. 오늘날 미국의 식량 생산은 워싱턴의 비전을 증명해주고 있다고 하겠다.

당신이 위대한 리더로 성장하고 싶다면 워싱턴과 같은 원대한 비전을 가져라. 당신이 가진 비전이 원대한 것인지 아닌지를 알고 싶다면 그것이 개인적인 이익을 위한 것인지 공적인 이익을 위한 것인지 숙고해 보아라. 만약 당신의 비전이 당신만을 위한 것이라면 당신은 리더도 아니며, 설사 리더라 하더라도 당신은 작은 리더이다. 그리고 존 맥스웰(John Maxwell)의 말처럼 당신만을 위한 비전은 "손톱만큼 작은 비전"일 것이다. 워싱턴은 다른 사람과 사회와 국가와 인류를 위한 "위대한 비전"을 가지고 이를 실천했다.

정직과 용기, 그리고 강한 책임감

다른 사람을 리더하는 위치에 있는 사람은 그 무엇보다

도 정직이 우선되어야 한다. 정직은 마음의 태도와 말과 행동이 일치하는 것을 의미한다. 사람은 누구나 행동을 하기에 앞서 마음속에 그 행동에 대한 원초적인 태도를 가지고 있다. 사람들의 행동과 말은 그 태도로부터 나온다. 말하자면 말과 행동은 어떤 태도를 가지느냐에 달려 있는 것이다. 따라서 정직이라는 것은 마음의 태도를 정직하게 가지고 그 정직한 태도에서 말과 행동을 같은 선상에서 출발시키는 것이다.

다른 사람을 리더하는 리더십에 있어 정직은 생명과도 같다. 정직하지 않은 사람이 당신에게 길을 가르쳐 주면 당신은 믿겠는가? 거짓말을 밥먹듯이 하는 사람의 말을 당신은 신뢰할 수 있겠는가? 약속을 지키지 않는 정치가가 하는 빈 공약(空約)을 당신은 믿겠는가? 말로만 구성원들을 위한다고 하는 당신의 회사의 혹은 당신 조직의 CEO를 당신은 진정으로 따르겠는가?

다른 사람이 따르는 리더로 성장하느냐, 아니면 혼자만의 리더가 되어 자기만족에 빠지느냐는 바로 정직과 관련 있다. 정직하지 않으면 리더가 될 수 없다. 누구나 한 두 번의 거짓말은 할 수 있다. 누구나 한 두 번의 거짓으로 다른 사람을 속일 수도 있다. 또 누구나 한 두 번의 정직하지 못한 일을 하여 그것을 교묘하게 위장할 수도 있다. 하지만 이는 오래 갈 수 없다. 리더십은 정직을 주식(主食)으로 하기 때문에 한 두 번의 다른 음식은 가능하지만 궁극적으로 정직을 먹지 않으면 성장을 멈춘다. 성장이 멈추는 정도가 아니라 정직을 먹지 않는 리더십은 곧바로 생명력을 다한다.

워싱턴은 오직 정직한 사람만이 흠이 없는 평판을 유지할 수 있다고 믿었다. 버찌 나무를 자르고 그의 아버지에게 "나는 거짓말을 할 수 없습니다"라고 한 것에 관한 파슨 윔스(Parson Weems)의 이야기는 아마도 사실과는 먼 이야기일 것이다. 하지만 이것은 워싱턴이 얼마나 정직 속에서 생활했는가 하는 점을 단적으로 보여 주는 평가의 일종이라 할 수 있다. 그는 공적인 것은 물론 개인적인 것에도 적용되어야 하는 격언인 "정직은 항상 최고의 정책입니다"라는 신념으로 살았다.[7]

7) Washington's Farewell Address, 1796.

워싱턴은 약 2만 통 이상의 편지를 썼는데 그 어느 곳에도 단 하나의 거짓을 찾아보기가 힘들다. 단지 하나의 편지에서 워싱턴은 칭찬을 받을 수 없는 친구에게 과한 칭찬을 한 경우가 있었다.

워싱턴은 자신의 정직이 의심받는 것에 대해서 적극적인 방어를 했다. 1757년 9월 17일 버지니아 총독 대리 로버트 딘위디에게 워싱턴은 그가 "총독 대리의 명령을 함부로 어겼다는 소문에 분노하지 않을 수 없다"라는 편지를 보냈다.[8]

8) Rees, *George Washington's Leadership Lession*, 2007.

워싱턴은 대륙군 총사령관직의 임명을 놓고 여러 사람들로부터 워싱턴이 얼마 전에 있었던 영국의 크롬웰과 같이 되지나 않을까 하는 의심을 받았다. 당시 식민지인들은 영국의 크롬웰이 대의를 내걸고 군사적 행동을 한 뒤 그 권력을 송두리째 독점했다는 사실을 알고 있었다. 총사령관으로 워싱턴을 추천한 애덤스마저도 크롬웰의 유령을 걱정했다. 애덤스는 "올리브 크롬웰은 성공했을지 모르지만 그는 신중하지도 정직하지도 않다. 뿐만 아니라 그는 칭찬할만하지도 않으며 본받을만하지도 않다"고 썼다. 그러나 애덤스를 비롯한 대륙회의 참석한 대표들은 하나같이 워싱턴은 "정직하고 믿을 만한 사람"이라고 생각했다. "겸손하고, 친절하고, 용감한 조지 워싱턴을 총사령관에 임명하자"라는 애덤스의 추천에 참석한 대표들은 만장일치로 합의했다.9)

9) Fishman and Pederson and Rozell, (ed.), *George Washington*.

독립전쟁기에 워싱턴의 정직은 너무나 중요했다. 워싱턴은 전쟁을 시작하고 특히 1776년에는 영국군에게 연전연패를 하지 않을 수가 없었고 이것은 워싱턴에 대한 신뢰를 크게 손상시켰다. 여러 장교들과 의원들은 장군으로서의 재능과 리더로서의 판단력을 의심하지 않을 수가 없었다. 그럼에도 그들은 감히 워싱턴의 정직에 대해서는 의심하지 않았다. 마치 링컨이 대통령에 당선되었을 때 그를 반대하는 사람들이 그의 출신 성분과 학력, 집안 사정, 정치 경력 등은 의심했지만 링컨이 정직한 사람이라는 점에 대해서는 아무도 의심하지 않은 것과 마찬가지였다.

워싱턴이 부하들에게 말을 하면 그것은 곧 진리로 받아들여졌다. 예를 들어 워싱턴은 혁명전쟁 동안 굶주린 병사들에게 농가를 약탈하지 말도록 명령했다. 도둑질은 도둑질인 것이다. 워싱턴은 또한 만약 민간인을 돌보지 않는 병사들이 있다면 그들이 혹시 영국 편이 아닌가하고 의심된다고 말했다. 1777년 펜실베이니아의 브랜디와인 전투에서 워싱턴은 병사들에게 약탈을 금지하는 특별 명령을 내렸다. 그런데 영국 장군 윌리엄 하우(William Howe)는 근처 퀘이커 교도들의 마을을 습격하여 수천 달러에 달하는 식량과 물품을 약탈해 갔다. 영국군의 이러한 약탈 행위는 전쟁 초기에 남아 있었던 식민지 체제에 온건적이고 순응적인 사람들이 완전히 등을 돌리게 만들었다. 독립전쟁 내내 워싱턴은 제멋대로 다른 사람의 재산을 약탈하는 군인에 대해서는 강한 혐오감을 나타냈다. 그는 이러한 행위는 폭도들보다 더 나쁜 짓이라고 생각했다. 그는 "좋은 병사와 폭도의 차이는 전자는 질서와 배려가 있는 반면에 후자는 무질서와 방종이 있다"라고 말했다.[10]

[10] Washington to Israel Putnam, August 25, 1776.

전쟁이 끝나고 워싱턴이 제헌의회의 의장이 되어야 한다

는 사실을 아무도 반대하지 않았다. 이는 참석한 각 주의 대표들이 워싱턴만이 정직한 태도로 독립 후 산재해 있는 미국의 문제들을 해결할 수 있다고 믿었다. 제헌의회 의장이 될 당시 워싱턴의 인기도는 지리적이고 계급적인 한계를 뛰어 넘었다. 남부는 물론 북부인들도 워싱턴이 정직하고 그래서 그를 믿을 수 있다고 생각했다. 가난한 자와 부자, 농부들과 상인들, 남녀노소 모두가 워싱턴은 믿을 수 있는 사람이라 여겼다.

워싱턴의 정직으로 인하여 생겨난 신뢰가 그에게 강한 힘과 권위를 가져다주었다. 제헌회의를 마치면서 워싱턴은 "분명 우리는 함께 일할 것이고 우리는 타협을 이끌어 낼 것입니다. 문제는 새로운 질서입니다. 국민에 의한 국민을 위한 진실한 정부를 만들어 낼 것입니다"고 말했다.[11] 제헌의회를 통해 합의를 본 후 만들어 낸 연방헌법을 기초한 사람들이 워싱턴의 정직을 믿고 그가 신뢰할 수 있는 사람이라는 생각에서 그를 위한 용어인 '대통령(the presidency)'을 만들어 냈다. 그래서 워싱턴은 결코 권력을 추구하거나 쟁취하지 않았다. 그는 대통령이 되기 위한 어떠한 선거운동도 하지 않았다. 워싱턴은 그저 조용히 있었다. 국민들이 워싱턴의 리더십이 다른 사람들과 다른 위대하다는 것을 인식했고 그것이 기꺼

---

11) Rees, *George Washington's Leadership Lession*. 후에 에이브러햄 링컨은 그 유명한 게티스버그 연설에서 워싱턴의 이 문구를 다시 사용했다. "국민의, 국민에 의한, 국민을 위한 정부"가 그것이다.

이, 그리고 열렬하게 그에게 권력을 가져다주게 된 것이다.

미국 역사에서 대의를 위해 워싱턴만큼 용감하고 자신의 생명을 무릅쓴 사람은 없다. 미국은 사실상 한 사람의 위대한 용기 때문에 건국되었다고 해도 과언이 아니다. 워싱턴의 불굴의 용기는 일반 사람들이 극복하기 어려운 수많은 도전을 기꺼이 감당해 냈다. 그는 수많은 전투와 가장 혹독한 시련이었던 파지 계곡의 시련은 물론 천연두와 결핵 등의 질병에서 전혀 상처 입지 않고 모두 극복했다. 이것은 워싱턴이 올바른 대의를 실현하는 데 가지고 있는 용기 덕분이었다.

워싱턴의 용기는 어릴 때부터 입증되었다. 아무리 형과 패어팩스의 후원이 있었다지만 워싱턴은 단지 17세에 아무도 가보지 않은 황무지를 자원하여 탐험했다. 막 군인이 된 22세 때 워싱턴은 주지사 딘위디의 특사자격을 가진 전령으로 자원하여 다시 한 번 황무지를 여행했다. 워싱턴은 오하이오 계곡을 프랑스령으로 주장하는 프랑스 군인들에게 이곳이 영국령이며 이곳에서 철수할 것을 경고하는 영국정부의 경고장을 전달했다. 프랑스 군인들은 이 경고장을 무시했다. 겨울이 다가왔고 워싱턴과 길잡이로 동행했던 크리스토프 기스트(Christopher Gist)는 빨리 버지니아로 귀환을 해야만 했다. 귀환을 하면서 워싱턴은 두 번의 죽을 고

비를 넘겼다. 한 번은 길을 안내하던 인디언이 갑자기 돌아서서 근거리의 워싱턴을 향해 총을 발사했는데 빗나간 사건이었다. 다른 하나는 추운 밤에 얼어붙은 알레게니 강을 건너면서 얼음물에 빠진 사건이었다. 온갖 어려움을 극복하고 버지니아에 도착한 워싱턴은 1754년 3월에 이때의 경험을 저널에 출판했다.

전쟁에서 승리한 워싱턴이 쿠데타를 통해 왕이 되어 달라는 부탁을 조용히 잠재운 일이나 3선 대통령 출마를 원하는 것을 미연에 방지한 일은 그의 진정한 용기의 소산이라 할 수 있다. 당시는 물론 오늘날에도 얼마나 많은 정치와 군사 리더들이 권력에 취해 벗어나지 못하는 것은 워싱턴과 같은 진정한 용기가 부족하기 때문이라 생각한다.

워싱턴은 위대한 리더들의 또 다른 속성인 강한 책임감을 가지고 행동했다. 어린 시절부터 워싱턴은 책임감을 몸소 채득했고 그것을 운명적으로 받아들였다. 아버지의 사망과 장남이 아닌 현실은 어린 워싱

기스트와 알레게니 강을 건너고 있는 워싱턴

턴이 스스로를 책임지지 않으면 안 된다는 생각을 가지게 했다. 더욱이 어머니는 워싱턴이 자신과 동생들을 책임지고 보살펴 주기를 간절히 원했다. 이런 입장에서 워싱턴은 이복형과 이웃의 도움으로 스스로를 책임질 수 있는 일을 찾았고 자신에게 그 일이 주어졌을 때 최선을 다했다. 어떤 의미에서 측량사로, 전령으로, 군인으로, 그리고 총사령관으로, 대통령으로, 국가 원로로 보여 준 그의 강한 책임감은 바로 어린 시절의 경험에서부터 기인된 것으로 보인다.

총사령관에 임명되자 워싱턴은 사랑하는 아내에게 편지를 썼다. "나는 무거운 책임감을 느낍니다. 이 임명을 거절하는 것은 내 힘 밖의 일입니다. 이 임명의 거절은 나 자신에게는 불명예를 의미하는 것이고 내 친구들에게는 고통을 주는 것입니다."[12] 독립군 총사령관이 된다는 것은 국가와 국민에게 큰 책임감을 가지는 것일 뿐만 아니라 워싱턴 개인적인 면에 있어서도 모든 것을 거는 행동이었다. 워싱턴은 이 일에 자신의 생명, 가족의 생명, 자신의 땅, 그리고 모든 재산을 걸어야만 했다. 그는 자신이 가진 모든 것이 위험할 수도 있다는 점을 알고 있었지만 정당한 대의를 위해 이 모든 것을 걸고 이 일을 하려고 했다.

워싱턴은 대통령이 되고자 하지는 않았지만 대통령이 되었고 대통령으로서의 책임을 다했다. 단 한 번의 임기를 마

[12] George Washington Papers at the Library of Congress, 1741~1799.

치고 고향으로 돌아가고자 했지만 산재해 있는 국내외 문제들이 워싱턴으로 하여금 다시 한 번 대통령직을 수행하도록 만들었다. 많은 사람들이 종신 대통령을 하라고 요구했지만 워싱턴은 이를 일축하고 두 번째 임기가 끝나기 오래 전에 '고별연설'을 발표하여 스스로 최고 권력에서 물러났다. 워싱턴의 고별연설은 국가의 리더로 그가 얼마나 많은 책임감을 통감하고 있는가를 여실히 보여주고 있다. 그는 국내적으로는 정당을 형성하여 갈라지지 말 것과 국외적으로는 신생국의 외교적 어려움을 극복하기 위해서는 반드시 중립정책을 유지해야 한다고 강조했다.

은퇴 후 마운트버넌에서 여생을 보내고 있을 때 애덤스 행정부는 프랑스와의 외교적 마찰을 빚었고 이는 전쟁까지 발생할 수 있는 상황이 전개되었다. 워싱턴은 나이가 들고 병이 들었지만 국가가 부르는 총사령관직을 기꺼이 수락했다. 국가 원로로서의 강한 책임감 때문이었다.

근면과 근로 윤리

근면하고 성실하지 않고 성공한 사람이 있는가? 동서고금을 막론하고 그 어떤 리더도 근면하고 성실하지 않고서 리더의 자리에 오른 사람은 없었다.

워싱턴은 누구보다도 근면하고 부지런 했다. 부자도 아니고 상류 계급도 아니고 거기에다 교육을 받을 수 있는 기회도 사라진 상태에서 워싱턴이 성공할 수 있는 길은 근면과 부지런함뿐이었다. 워싱턴은 일생을 통해 마치 일 중독자처럼 살았다. 측량 일은 물론 군인으로 대통령으로 그는 늘 최고의 활동을 했다.

17세에 측량 일을 시작한 워싱턴은 부지런함과 정직함으로 성공의 길을 걸을 수가 있었다. 워싱턴은 얼마의 돈이 모이면 그 돈으로 땅을 샀다. 이는 18세기에 사회적 명사가 되는 길 중에 하나였다. 워싱턴은 마운트버넌을 번성하고 생산적인 농장으로 만들고자 했다. 좋은 생산과 마케팅을 통한 최고의 경영을 원했다. 그러나 노동자들은 워싱턴의 생각과 공유하지 못한 경우가 많았다.

대통령에 퇴임 후 워싱턴은 65세의 나이에도 불구하고 아침 일찍 일어나 열심히 일했다. 그는 자신의 노동자들도 자신처럼 일찍 일어나기를 원했다. 워싱턴은 친구인 맥헨리(James McHenry)에게 보낸 편지에서 일꾼들의 게으름에 대해 말했다. "나는 새벽이면 하루를 시작합니다. 만약 나의 일꾼들이 그때까지 그곳에 없으면 그들의 행동이 적절치 못한 것에 마음이 아프다는 말을 전합니다."[13]

13) Washington to James McHenry, May 29, 1797.

1797년 퇴임 후 말을 타고 농장을 돌아보는 워싱턴

워싱턴은 새벽 4시에서 5시 사이에 깨어나 곧바로 옷을 입고 집을 나와 수 마일을 말을 타고 넓디넓은 마운트버넌 농장의 일 상태를 돌아보았다. 그는 약 7시경이면 집으로 돌아오는데 이미 많은 방문객이 와 있어 아침을 같이 하곤 했다. 사실 마운트버넌은 가족과 친구는 물론 전혀 모르는 사람들의 사랑방과 같은 곳이 되었다. 일 년에 수백 명의 손님들이 이곳에서 밤을 보내곤 했다.

워싱턴은 제퍼슨, 애덤스 등과 같은 자신의 동료들보다 많이 배우지 못한 것을 몹시 아쉬워했다. 하지만 그는 배우지 못한 것에 좌절하거나 의기소침하지 않았다. 그는 시간이 있을 때마다 독서를 즐겼고 독서를 통해 부족한 지적 욕구를 충족했다. 이러한 독서와 함께 측량기술자, 군인, 정치, 농장주 등 일찍 사회경험을 통해 얻은 지혜를 바탕으로 워싱턴은 엄청난 양의 글을 썼다. 1979년 버지니아 대학은 워싱턴의 글을 모으는 작업을 했는데 총 90권 분량의 책이 만들어졌고 개인 편지는 2만여 통이 편집되었다. 어떠한 형태의 글이라도 이 정도의 글을 썼다는 것은 그의 근면과 성실의 소산이라 할 수 있다.

워싱턴은 종종 가장 가까운 가족이 게으른 것에 대해 가슴 아파했다. 특히 마사의 셋째 아들로 워싱턴의 양자인 존 파커 커티스(John Parke Cutis)는 결코 학교생활에 적응하지 못한 문제가 많은 아이였다. 학교의 한 교사는 워싱턴에게 "내 인생에서 이처럼 게으르고 이렇게 호색적인 젊은이는 처음 보는 것 같습니다. 이 친구에게서 아시아의 어떤 왕자의 모습을 보는 것 같습니다"라는 편지를 보냈다.[14] 마사에게는 네 명의 자녀가 있었는데 존을 제외한 모두 20살을 넘기지 못하고 사망했다. 마사가 존에 대해 지나친 사랑을 쏟은 것은 당연한 결과였다. 하지만 존은 어머니와 새 아버지의 사랑을 제대로 이해하지 못했다. 새 아버지가 군인으로 정치가로 농장주로 다시 총사령관으로 가장 유명하고 존경받는 사람으로 변해 가는 것을 보았지만 존은 아

14) Doug Wead, *All the Presidents Children*, Atria Books, 2003.

버지와 어머니의 영광의 그늘 속에서 아무 일도 하지 않고 그저 놀기만 했다. 그러던 중 1781년 독립전쟁이 종결되어 가던 중에 존은 갑자기 군인이 되겠다고 선언하고 아버지 곁에서 개인 참모로 생활하다가 설사병에 걸려 사망했다. 이 당시 워싱턴은 요크타운에서 승리를 했으나 존의 죽음은 그에게 큰 슬픔으로 다가왔다. 특히, 아내에 대한 연민은 이루 말할 수가 없었다.

워싱턴은 자신이 데리고 있는 노예들이 교묘한 방법으로 일을 하지 않는 다는 것을 알고 있었다. 하지만 워싱턴은 이런 노예들을 강압적으로 다루지 않았다. 그 대신 그는 왜 노예들이 일을 하지 않으려고 하는지 생각했다. 근로 윤리를 강조하고 자유 시장 체제를 강하게 지지하고 있었던 워싱턴은 노예 제도 자체의 문제점이 있음을 알았다. 노예 제도에는 스스로 일을 하도록 만드는 소위 인센티브가 없었다. 처벌에 대한 두려움만으로 노예들을 움직일 수가 없다는 것을 알고 있었다. 그래서 워싱턴은 노예들에게 인센티브를 제공했다. 더 나은 의식주를 제공하고 노동 환경을 개선하고 심지어 현금으로 보상하기도 했다. 이미 워싱턴은 만약 노동자의 노력의 대가가 적절히 보상되지 않으면 아무리 처벌이 무섭고 강한 근로 윤리가 강조된다고 하더라도 이것은 아무런 의미가 없다는 것을 알고 있었다.

워싱턴이 농장주 외에 포토맥 정기선 사업까지 했다는 사실은 많은 사람들이 모르고 있다. 1760년대 워싱턴이 버지니아 주 의원을 하던 중에 이웃인 존 포지(John Posey)에게 3,750달러를 빌려 주었다. 당시 포지는 포토맥 강에서 정기선 사업을 하고 있었는데 얼마 있지 않고 그의 사업이 파산 했다. 이때 워싱턴은 그것을 인수받아 1790년까지 사업을 했다. 물론 사업은 다른 사람에 의해 경영되었지만 워싱턴은 대통령이 되어서도 약 2년 동안 정기선 사업을 계속했다는 사실은 워싱턴이 일에 대한 집착이 얼마나 컸는지를 알 수 있다.

혁명전쟁 8년 동안 워싱턴은 단 한 번도 휴가를 가지 않았다. 그는 오로지 자유를 위한 대의, 부하들의 복지, 그리고 이제 독립하게 되면 탄생하게 될 이 나라를 위해 몸과 마음을 집중했다. 처음에는 오합지졸에 불과한 대륙군을 정규 군인으로 만드는 일, 턱없이 모자라는 보급품과 모자라는 군인들을 모집하는 일에 워싱턴은 늘 매진했다. 그러다 보니 대신 마사가 자주 야영지를 찾았다. 그녀는 남편이 군을 떠나 자신에게로 결코 오지 않을 것을 알고 있었기 때문에 그녀는 많은 어려움에도 불구하고 스스로가 행동했다.

워싱턴은 대통령이 되면서 결코 명예직으로 남아 있기를 원치 않았다. 그 대신 현안으로 다가오는 국가 대소사와 국가의 미래를 위한 준비를 주도적으로 처리하고자 했다. 대통령직 수행에 대해 의회는 연봉 2만 5,000달러를 의결했으나 워싱턴은 총사령관직을 수락할 때처럼 보수는 받지 않을 것이며 단지 업무 과정에서 들어가는 비용만을 처리해 줄 것을 요청했다. 그는 개인의 경제적 이득보다 대의를 위해 일을 한다는 점에 더욱 큰 의미를 둔 사람이었다.

고귀한 품성

조지 워싱턴은 고귀한 품성으로 높은 수준의 가치를 지켰다. 대통령으로서 워싱턴은 자신의 행동의 모든 부분이 미래의 대통령들의 행동에 선례가 될 수 있다는 것을 알고 있었다. 그는 역사상 최초의 민주 공화국의 대통령에 어울리는 모범을 만들려고 신중히 행동했다. 그는 대통령직에 대한 고유하고 적합한 품격을 만들었다. 워싱턴은 미국인들이 자신들이 미국인이라는 사실과 워싱턴이 자신들의 대통령이라는 사실에 대해 자부심을 가지도록 만들었다.

워싱턴은 다른 사람과의 관계에서 에티켓에 대해서 깊은 관심을 가지고 행동했다. 그는 애덤스와 해밀턴에게 자신이 국민과의 관계에서 공적으로 어떤 관계를 유지해야 하는가에 대한 조언을 구했다. 그는 대통령으로 자신이 자유롭게 사람들을 만날 것인지 혹은 만나지 않을 것인지, 만약 만난다면 어떻게 만나야 할 것인지, 또 백악관을 공개할 것인지, 공개하지 않을 것이지, 국가 공휴일에만 리셉션을 열 것인지, 사적인 차 파티(당시는 차 파티는 일종의 사교 모임 중의 하나였다) 초대를 받아들일 것인지, 얼마나 자주 방문객을 접견해야 할지에 대해 결정을 해야만 했다. 대통령이 되고 난 후 얼마 지나지 않아 그는 대통령에게로의 일반 국민에 대한 접근은 상당히 제한적이어야 한다는 것을 알게 되었다. 워싱턴은 대통령인 자신을 만나기 원하는 사람들에 의해 압도되어 있다가 결국 일주일에 한 시간 정도를 일반 국민에게 접견을 허용했다. 여기에 추가적인 방문은 사전에 약속이 반드시 이루어져야 한다는 것을 원칙으로 삼았다. 그 대신 워싱턴은 국민들로부터 직접적으로 여론을 청취하기 위해 1789년과 1791년 두 차례에 걸쳐 13개 주 모두를 여행을 했다. 도로가 발달하지 않았던 당시에 이 같은 여행을 한다는 것은 너무나 어려운 일이었다.

워싱턴은 다른 사람들이 자신을 사랑하게 만드는 방법을 알고 있었다. 그는 독립전쟁 당시 장군으로서도 이러한 재능을 발휘했다. 이러한 재능은 대통령직에 있으면서도 더욱 빛이 났다. 이것은 국민들을 위하고 대통령직을 성공적으로 수행하는데 큰 도움을 주었다.

워싱턴은 연방의 새로운 수도를 선택하는 일에 있어서 개인적으로 이익을 취했다고 오해를 받고 있다. 그러나 국가의 수도를 옮기는 결정은 워싱턴이 부자가 되기 위해서 이루어진 것이 아니었다. 이 문제와 관련해서 워싱턴은 적어도 중립적인 입장이었다. 사실 이것은 주 정부의 부채를 연방 정부가 책임을 지는 문제를 두고 해밀턴파와 제퍼슨파 사이의 타협을 용이하게 하기 위하여 취해진 일종의 정치적 거래 조치였다. 말하자면 해밀턴이 제퍼슨으로부터 연방 정부의 권한을 확보하는 대신 정부의 새 수도를 남부에 위치하도록 했던 것이다.

워싱턴은 기품 있는 스타일로 생활을 했다. 1790년에 해밀턴이 이끄는 재무부는 대통령에게 정당하게 주어져야 할 돈보다 더 많은 돈을 주게 되었다. 그러나 재무부의 이 조치에 대해 그는 다른 두 해 동안 이때 받은 액수의 돈을 받지 않아 이를 상쇄시켰다.

그러나 워싱턴 역시 완벽한 도덕성의 전형은 아니었다. 그 역시 한 인간으로 인간적 기질을 가지고 있었다. 그의 고결한 품성에 대해 의문이 제기될 때 때로는 화를 냈다. 화를 낼 때면 종종 작은 실수를 하곤 했다. 또한 백악관으로 부른 사람을 잠시 동안 머물러 있으라고 해 두고 이를 잊어버리곤 했다.

하지만 전체적으로 볼 때 워싱턴의 성격은 부정적인 것보다 긍정적이고 밝은 측면이 많았다. 용기, 정직, 결단력, 의무에 대한 책임감, 그리고 정직함에 대한 그의 덕성이 너무나 강한 나머지 그는 대통령직에 대한 크나큰 명성을 더해 주었다. 늘 워싱턴에게 질투를 했던 존 애덤스의 아내 아비게일 애덤스(Abigail Adams)는 "그에게는 위엄과 품위, 편안함, 정중함을 느낄 수 있습니다"라는 내용의 편지를 남편에게 보냈다.15) 또 존 애덤스와 같은 매사추세츠 주 대륙회의 대표로 법률가이자 정치가인 토마스 쿠싱(Thomas Cushing)은 "워싱턴에게는 칭찬하지 않을 수 없는 여러 가지 품성이 존재한다. 그것은 분별력 있고, 온화하며, 덕이 있으며, 겸손하고, 용감한 것이다"라는 내용을 친구에게 보냈다.16)

15) Abigail Adams to John Adams, July 16, 1775.

16) Thomas Cushing to James Bowdoin, Sr., June 21, 1775.

이러한 품성을 가진 워싱턴은 독단적이지 않았다. 그는 국가 목표를 달성하기 위해 내각인사들과 보좌관들로부터 충분한 충고를 받아들였다. 여러 면에서 그는 해밀턴에 가까운 편이었으나 그렇다고 맹목적으로 그의 주장을 따르지 않았다. 해밀턴은 워싱턴의 경제 프로그램을 수행하는 데 있어서 핵심적인 인물이었다. 해밀턴은 혼자서 일을 주도하지도 않았고 또 워싱턴 역시 독단적으로 판단하지 않았다. 두 사람은 협력을 통해 공동의 비전과 공동의 목표를 공유했다. 예를 들어 워싱턴과 해밀턴은 신생국 미국의 꿈을 실현시키는데 핵심적인 열쇠를 영국이 가지고 있다고 생각했다. 궁극적으로 워싱턴과 해밀턴은 영국과의 동맹은 미국을 위한 자신들의 꿈을 실현시키는데 중대한 역할을 한다고 결론지었다. 사실상 영국과의 무역은 미국 경제가 움직이도록 하는 에너지를 제공해 주었으며 연방을 더욱 결속시켰다고 할 수 있다.

| 나오며 |

조지 워싱턴의 죽음과 평가

위대한 첫 단추[1]

[1] 김형곤, 『대통령의 퇴임 이후』, 살림, 2008의 내용을 다시 정리함.

워싱턴은 3선에 대한 어떠한 유혹도 또 왕이 되려 한다는 비난도 모두 뿌리치고 두 번의 임기를 마친 후 아무런 미련 없이 고향 마운트버넌으로 은퇴했다.

은퇴 후 워싱턴은 일생에서 가장 행복한 시간을 보냈다. 그동안 돌보지 못했던 농장을 돌보고 전 세계에서 찾아오는 수많은 방문객을 접대했다. 일생의 대부분을 공직에서 보낸 사람이었음에도 불구하고 또 공직에 나가기 전에는 미국 최고가는 부자였음에도 불구하고 워싱턴은 퇴임 후 한때 농장을 돌볼 자금이 부족하여 은행에서 돈을 빌리기도 했지만 큰 문제는 아니었다.

종종 여러 사람들로부터 국가 대소사에 대한 브리핑을 받고 깊은 관심을 표명했지만 새로운 정부에 대해 의견을 제시하거나 비판하는 경우는 절대 없었다. 단지 자신과 건국의 아버지들이 청춘을 다 바쳐 세운 이 나라가 잘 되기를 바라는 우환(憂患)의 마음으로 관심을 표명했다. 퇴임한 대통령인 워싱턴은 국정은 이제 자신의 몫이 아니라 현직 대통령의 몫이라고 생각했다.[2]

2) 초대 대통령 워싱턴의 업적 중 또 하나는 퇴임 후 고향으로 돌아가서 현재 정치에 대해서 큰 간섭을 하거나 비판을 하지 않은 것이다. 이는 오늘날 43명의 대통령을 두고 있는 미국 대통령사의 하나의 전통으로 자리 잡고 있다.

그러나 국가가 위기에 처했을 때 워싱턴은 수동적인 입장이 아니었다. 미국은 뇌물을 요구하여 굴욕적 외교를 강요한 소위 XYZ 사건으로 프랑스와 전쟁의 위기에 다다랐다. 후임 대통령 존 애덤스가 1798년 7월 4일 워싱턴을 중장으로 승급하고 총사령관에 임명했다. 이에 조금도 망설임이 없이 워싱턴은 "내 몸에 남아 있는 모든 피를 바쳐서"라는 말과 함께 총사령관 직을 수락했다. 하지만 전쟁은 일어나지 않았다.

앞에서도 밝혔듯이 워싱턴이 최고의 권좌를 버리고 고향으로 돌아간 것은 역사의 한 페이지를 장식할 만한 실로 경이로운 일이라 아니 할 수 없다. 헌법과 같은 제도가 중요한 것이 아니다. 역사를 통해 보면 많은 권력자들은 제도를 무시하고 장기 집권을 획책했다. 반대하는 수많은 사람들을 죽음으로 몰아가고 강제로 제도를 바꾸어 가면서 최고 권좌를 탐해 왔다. 분명 쿠데타를 혁명이라 우기고 자신들의 권력에 대한 탐욕을 구국의 일념이라는 말로 치장했다. 워싱턴 이전의 로마의 카이사르가 그러했고 영국의 크롬웰이 그랬다. 거의 동시대인인 나폴레옹이 그랬다. 20세기의 프랑코가 그랬고, 히틀러가 그랬으며, 또한 박정희, 전두환, 노태우 대통령도 그랬다. 하지만 역사상 워싱턴은 자신의 의지대로 권좌를 놓고 자연인으로 돌아간 최초의 사람이었다.

워싱턴은 집안사람들이 대체적으로 오래 살지 못한다는 것을 알고 있었다. 그래서인지 몰라도 그는 1799년 7월에 자필로 42페이지에 달하는 유언장을 작성했다. 아마도 죽음이 다가오고 있다는 점을 느꼈는지 모를 일이다.

워싱턴은 퇴임 후의 생활이 그 어느 때보다 행복했고 그래서 마지막 가는 길도 모범적으로 준비할 수가 있었다. 1799년 12월 12일, 추운 날씨에 워싱턴은 말을 타고 농장을 돌아다녔다. 갑자기 목이 붓고 고통이 엄습했는데 그로부터 이틀이 지난 후 사망했다. 워싱턴의 마지막 말은 다음과 같다.

> 나는 이제 죽습니다. 나를 잘 매장해 주시고, 내가 죽고 난 후 이틀이 지나기 전에 관에 넣어 주시기 바랍니다. 모두들 아시겠지요?……참으로……그래요. 나는……'만족합니다(Tis well).'[3]

[3] Douglas S. Freeman, *Washington, An Abridgement by Richard Harwell of the seven-volume George Washington*, Scribner's Sons, 1968.

죽으면서 만족을 이야기하는 사람이 이 세상에 몇 명이나 될까 생각할 때 워싱턴의 마지막 말은 참으로 의미 있다 하겠다. 워싱턴의 장례식은 그의 요구대로 단순했지만 군인을 비롯한 조문객이 끊이지 않았다. 그리고 포토맥 강에 정박한 배에서 그를 기리는 예포가 발사되었다. 오늘날 그의 무덤이 있는 마운트버넌은 세계적인 명소가 되어 수많은 사람들이 찾고 있다.

독립군 총사령관으로 대통령으로 그의 위대함은 이루 말할 수 없지만 워싱턴의 위대함은 죽는 그날까지 빛났다. 아래는 워싱턴의 유언장 내용이며 그대로 집행되었다.

50만 달러의 가치가 나가는 부동산의 권리와 이익은 아내 마사가 살아 있는 동안 아내에게 줄 것.

개인 시중을 든 윌리엄을 노예 신분에서 즉각 해방하고 그에게 연금 30달러를 줄 것과 아내가 죽음과 동시에 모든 나머지 노예들을 해방시킬 것.

알렉산드리아 은행 주식은 가난한 고아 어린이들의 교육을 위해 사용할 것.

포토맥 회사의 주식은 국립대학 건설 비용으로 사용할 것.

동생 새뮤얼 가족과 친척 바톨로뮤 댄드리지의 부채를 청산해 줄 것.

워싱턴의 보좌관이었던 토비아스 리어가 평생 살 수 있는 집을 마련해 줄 것.

조카 버시로드 워싱턴에게 마운트버넌과 개인적 글과 서류, 그리고 도서관을 줄 것.

손녀 넬리 루이스와 손자 조지 워싱턴 파크 커티스에게 각각 상당한 부동산을 줄 것.

벤저민 프랭클린이 워싱턴에 선물한 황금머리 지팡이를 동생 찰스에게 줄 것.

워싱턴이 사용한 서재와 의자는 주치의 크레이크에게 줄 것.

혁명전쟁 동안 영국군으로부터 빼앗은 권총은 라파예트에게 줄 것.

검은 자신 보호, 국가방어, 정당한 일을 위한 목적을 제외하고는 뽑지 말 것을 규정하여 5명의 조카에게 줄 것.[4]

[4] William A. DeGregorio, *The Complete Book of U.S. Presidents*, Cramercy Book, 2001.

장군과 정치가로 조지 워싱턴을 도운 헨리 리(Henry Lee)는 1799년 워싱턴에 대한 추도사를 짧지만 너무나 함축적이고 강한 메시지를 남겼다. "이 위대한 사람을 기립니다. 전쟁에서도 최고, 평화에서도 최고, 이 나라 국민의 마음속에서도 최고입니다."[5]

[5] John Marshall, *The Life of George Washington*, Liberty Fund, 2000.

오늘날 워싱턴이 남긴 대부분의 것들은 마운트버넌 기념관에 전시되어 있다. 헨리 리의 말에 이어 나는 이런 말을 하고 싶다. '그는 퇴임 후에도 최고입니다.' 워싱턴의 위대

함은 대통령으로서뿐만 아니라 퇴임 후의 대통령으로도 포함된다. 그의 '위대한 첫 단추'는 후세대에 모범이 된 것은 두말할 나위가 없다.

지금까지 미국에는 조지 워싱턴부터 버락 오바마까지 총 43명의 대통령이 있다. 조지 워싱턴은 에이브러햄 링컨과 프랭클린 루스벨트와 더불어 미국의 위대한 대통령 세 명에 속한다. 링컨은 남북의 갈등을 통합과 화해와 용서의 리더십으로 치유했다. 루스벨트는 대공황과 세계 대전을 포기하지 않는 불굴의 의지로 극복했다.

미국의 수도, 항공모함, 산, 다리, 도로, 건물, 호텔, 1달러 지폐, 동상, 대학, 기타 등등. 워싱턴이라는 이름을 쓰고 있다. 워싱턴의 위대함에 대한 결과이리라. 하지만 워싱턴의 진정한 위대함은 이렇게 드러나 있는 유형의 것에 있지 않다. 그의 위대함은 보이지는 않지만 그러나 인류 역사상 너무나 중요한 것에 있다.

워싱턴은 인류 역사상 처음으로 민주 공화국을 창조했다. 처음으로 사람들이 스스로를 다스리는 그런 '자유'를 만들어 주었다. 이것은 워싱턴의 꿈이자 인류의 영원한 보편적 가치이리라.

연보

1732년 조지는 2월 22일에 버지니아 웨이커필드에서 아버지 어거스틴과 어머니 메리 워싱턴의 아들로 태어났다. 조지는 4월 5일에 침례세례를 받았다.

1735년 워싱턴 가족은 포토맥 상류지역(후에 이 지역은 조지의 이복 형 로렌스에 의해 마운트버넌으로 명명되었다)으로 이사를 했다.

1738년 워싱턴 가족은 버지니아 프레더릭스버거 근처에 있는 패리 팜으로 이사를 했다.

1743년 4월 12일 조지의 아버지가 패리 팜에서 갑자기 사망했다. 그 다음 몇 년 동안 조지는 패리 팜과 그의 또 다른 이복 형 어거스틴이 살고 있는 웨이커필드에서 살았다.

1746년 조지는 어머니의 반대에 복종하여 해군에 입대하지 않았다.

1747년 조지는 세난도어 계곡에서 패어팩스경을 위해 측량을 시작했다.

1748년   조지는 마운트버넌으로 가서 로렌스와 같이 살았다. 3월에 조지는 세난도어 계곡을 측량하는 여행을 시작했다.

1751년   로렌스와 조지는 바바도스로 여행을 떠났다. 이곳에서 조지는 천연두에 감염되었다.

1752년 7월 26일   로렌스가 마운트버넌에서 사망했다. 그 후 형수가 다른 집안으로 재혼을 함으로써 조지가 마운트버넌을 유산 받았다.

1753년   조지는 버지니아 주지사에 의해 전령으로 임명되어 프랑스인들에게 영국령에 속하는 오하이오 지역을 떠나라는 메시지를 전달하는 일을 했다. 그 다음 해 초에 그의 기행문이 버지니아와 영국과 프랑스에서 동시 출간되었고 이로 인하여 워싱턴은 많은 사람들에게 알려지게 되었다.

1754년   조지는 네세시티 요새까지 한 부대를 이끌고 갔다가 프랑스군에 의해 패배했다.

1755년   조지는 영국장군 에드워드 브래독이 패배한 모농개헬라 전투에서 운 좋게 살아났다.

1756년   조지는 뉴잉글랜드로 가서 영국사령관을 만났다.

1758년	조지는 버지니아 하원에 처음으로 당선되었다. 그 후 미국 혁명까지 조지는 계속해서 버지니아 하원의원으로 일을 했다.
1759년 1월 6일	조지는 두 명의 아이를 가진 과부인 마사 댄드리지 커티스와 결혼을 했다. 이 결혼으로 그는 그녀가 소유한 대규모 부동산의 3분의 1을 받았다.
	그는 역시 그녀의 두 아들을 자신의 아들로 삼았으며 그녀의 재산 전체를 관리하는 책임자가 되었다.
1763년	조지 워싱턴은 버지니아 트루로 교구의 교구위원이 되었다.
1765년	조지 워싱턴은 새로 형성된 패어팩스 카운 지역의 버지니아 하원의원에 당선되었다. 의회에서 그는 반역을 언급하면서 반드시 인지세법은 재고되어야 한다는 헨리의 연설을 들었다.
1870년	오하이오 지역을 여행했다.
1772년	워싱턴은 마운트버넌에서 찰스 필레로 하여금 자신의 초상화를 처음으로 그리도록 했다.
1773년	마사의 딸인 17세의 마사 파커 커티스가 마운트버넌에서 사망했다.

1774년	워싱턴은 필라델피아에서 열린 1차 대륙회의 참석했다.
1775년	워싱턴은 2차 대륙회의에 참석했다. 대륙회의에서 6월에 그는 대륙군 총사령관에 임명되었다. 그리고 그는 임명된 직책을 수행하기 위해 보스턴으로 가서 영국군과 대치했다.
1776년	독립선언이 서명되었다. 워싱턴은 롱아일랜드에서 영국군을 피해 기적적으로 탈출했다. 워싱턴은 뉴욕에서 패배를 했지만 12월에 트렌턴에서 의미 있는 승리를 했다.
1777년	프린스턴에서 승리와 함께 새해가 시작되었다. 그 후 브랜디와인과 게르만타운 전투에서 패배했다. 겨울을 파지 계곡에서 보냈다.
1778년	먼마우스 전투에서 승리했다.
1780년	베네딕트 아놀드의 배반이 운 좋게 발각되었다.
1781년	요크타운의 승리가 독립전쟁의 핵심적인 마지막 전투였다. 마사의 아들인 존 파커 커티스가 죽었다. 조지는 그의 두 어린아이를 입양했다.
1782년	워싱턴은 몇몇 장교들의 왕이 되어 달라는 요구를 거절했다.

1783년	워싱턴은 군사 쿠데타를 와해시켰다. 핵심 장교들과 다수의 사람들은 유포된 삐라를 통해 쿠데타를 원했다. 영국과 평화조약이 조인되었다. 12월에 워싱턴은 총사령관을 사임하고 마운트버넌으로 돌아왔다.
1785년	장 호우돈이 버지니아 입법부가 주선한 워싱턴의 조각상을 만들기 위해 파리에서 마운트버넌에 왔다.
1787년	워싱턴은 필라델피아에서 열리는 제헌의회에 참석해서 의장으로 회의의 사회를 주관했다. 9월에 새로운 헌법이 참석한 대표들에 의해 만들어져 비준을 위해 각 주로 보내졌다.
1789년	새로운 정부가 시작되었다. 워싱턴은 헌법에 의해 만장일치로 초대 대통령으로 당선되었다. 4월에는 그는 뉴욕시에서 성경 위에 손을 올리고 대통령직 수행을 위한 맹세를 했다.
1790년	워싱턴과 연방정부는 필라델피아로 수도를 옮겼다.
1793년	워싱턴은 새로운 수도인 컬럼비아 지역의 의회당 건축을 위한 초석을 놓았다. 워싱턴은 만장일치로 대통령에 재임되었다.

1796년   워싱턴은 고별연설을 발표했다.

1797년   3월에 대통령 임기가 끝났을 때 마운트버넌으로 은퇴했다.

1798년   워싱턴은 상비군이 만들어지기 전 미국 임시군의 총사령관에 임명되었다. 하지만 상황이 종료되어 전장에는 나가지 않았다.

1799년 12월 14일 조지 워싱턴은 마운트버넌에서 약간의 병치레를 하고 사망했다.

미국 대통령 시리즈 발간에 붙여

한국미국사학회는 국내 미국사 연구의 발전을 도모하기 위해 1989년 뜻을 같이 하는 미국사연구자들이 모여 창립되었다. 이후 오늘에 이르기까지 한국미국사학회는 미국사 연구자들의 연구 성과를 국내외 학계 및 일반 대중에게 알리기 위해 전국학술대회 개최, 공식 학회지로서『미국사연구』의 연 2회 발간, 해외학술대회 참석 등의 활동을 활발히 전개해왔다.

그런 가운데 대부분 대학에서 미국사를 연구하고 강의에 매진하는 학회 회원들은 개별적으로 수많은 논문과 저서 및 번역서를 출간해 창립 20주년이 막 지난 이즈음에는 이들이 각종 학회지에 발표한 수준 높은 논문은 수 백 편이 넘고 저서와 번역서도 백여 권에 달하는 성과를 거두기도 했다. 하지만 학회 차원에서 이보형 초대 회장의 주관으로 회원들의 공동 작업을 통해 편찬한 책으로는 1992년『미국 역사의 기본 사료』(소나무)라는 제목으로 출간되었다가, 2006년 이 책의 증보판으로『사료로 읽는 미국사』(궁리)가 유일했다고 할 수 있다. 이 점에 대해 학회 일을 오랫동안 해오고 관심을 기울여온 회원의 한 사람으로서 늘 아쉬움을 느껴오던 차였다.

그러던 중 본 학회에서는 2010년이 되면서 학회 창립 20주년이 지나고 미국 대통령 에이브러햄 링컨 탄생 200주년을 맞이하여 무언가 뜻 깊은 일을 하자고 결의하기에 이르렀다. 이에 따라 본 학회의 전임 권오신 회장과 임원진이 학회 회원 여러분의 의견을 모아 미국 대통령 시리즈를 발간하기로 결정을 보았다. 이런 보람 있는 사업을 위해 본 학회는 회원들이 합심해 물심양면의 지원을 하기로 하고 시리즈의 기획 편집 책임을 미국 대통령에 관해 여러 권의 저서를 출간한 바 있는 건양대의 김형곤 교수가 맡기로 했다. 이에 학회에서는 시리즈의 대상이 될 대통령의 선정 작업, 집필자의 신청 접수 및 선정 작업, 제작비용 등을 지원하며 발간이 계획된 대로 순조롭게 이루어지기를 도왔다.

이러한 과정을 거쳐 이제 한국미국사학회는 학회 회원 여러분의 노고와 염원에 힘입어 국내 서양사 관련 학회 중 최초로 총 10권에 달하는 시리즈 저작으로서 미국 대통령 시리즈를 탄생시킬 수 있었다. 이에 우선 이 일을 기획하고 추진하는데 수고해주신 전임 권오신 회장과 임원진에게 감사드린다. 또한 임원으로서 본 시리즈의 기획 편집 일을 도

맡아 해준 김형곤 교수에게도 노고를 치하 드린다. 그리고 무엇보다도 시리즈의 집필을 기꺼이 맡아주시고 훌륭한 책으로 완성해주신 열 분의 집필자께도 대단히 고맙다는 말씀을 드린다. 이와 더불어 어려운 출판계의 사정에도 불구하고 모험에 가까운 시리즈의 출간을 맡아준 도서출판 선인에게도 감사한 마음을 전한다. 마지막으로 이 미국 대통령 시리즈가 국내 독자들에게 잘 알려지지 않은 미국 대통령의 진면목을 알기 쉽게 전달해 미국 역사에 대한 대중의 관심을 크게 불러일으켜 미국사 전반에 대한 대중적 독서 시장이 확대되는 계기가 될 수 있기를 기대해 본다.

한국미국사학회 회장
손 세 호

저자 | 김형곤

중앙대학교 사학과(문학박사)

건양대학교 교수

[주요저서 및 논문]『위대한 대통령 끔찍한 대통령』(역서), 『대통령의 성적표』(역서), 『원칙의힘-링컨』(저서), 『소통의 힘-FDR』(저서), 『나는 세렌디퍼다』(저서), 「조지워싱턴의 성장과정에 관한 해석적 논의」.